ÉTUDE HISTORIQUE.

RAYMOND DE TURENNE

PAR M. L'ABBÉ ROSE,

Curé de Lapalud, Chanoine honoraire d'Avignon,
Chevalier de la Légion d'Honneur.

PONT-SAINT-ESPRIT
IMPRIMERIE ET LIBRAIRIE DE GROS FRÈRES,
Rue d'Orléans, n° 27.

1858.

RAYMOND

DE TURENNE.

IMPRIMERIE GROS FRÈRES.

ÉTUDE HISTORIQUE.

RAYMOND
DE TURENNE

PAR M. L'ABBÉ ROSE,

Curé de Lapalud, Chanoine honoraire d'Avignon,
Chevalier de la Légion d'Honneur.

PONT-SAINT-ESPRIT
IMPRIMERIE ET LIBRAIRIE DE GROS FRÈRES,
Rue d'Orléans, n° 37.

1858.

Romanam curiam, Comitatum-Venayssinum, totamque patriam Provinciæ hostiliter molestabat, invadebat et destruebat, loca occupando, personas captivando et occidendo, bona victus deprædando et consumendo, aliaque mala quamplurima committendo..........

BALUZE-VITÆ PAPAR. AVENION.
T. 1 p. 533.

Ennemi acharné de la papauté avignonaise et du pays qu'elle habitait, Raymond attise le feu de la guerre civile en Provence et dans le Comtat : là, on le voit avec ses bandes indisciplinées vexer les paisibles habitans des campagnes : brûler leurs récoltes sur pied ou les piller dans les greniers : saccager et détruire leurs villages ou bien y tenir garnison : leur faire des prisonniers et même les tuer au mépris de la foi des traités : enfin commettre mille autres énormités de ce genre..................

RAYMOND DE TURENNE.

Le personnage que nous allons étudier, nous reporte de plain-pied vers la fin du 14ᵉ siècle, où éclatèrent dans l'église et dans l'état tant de fâcheuses dissidences. C'est en effet, dans les momens de perturbation religieuse, momens heureusement rares dans la vie d'un peuple, qu'apparaissent sur la scène du monde, ces caractères étranges qui l'étonnent par l'excentricité de leur conduite. Entraînés alors par la marche rapide d'évènemens aussi singuliers qu'imprévus, ils sortent de l'obscurité de la retraite pour se jeter dans l'arène turbulente où se consume, en efforts impuissans, un malheureux pays qui se débat sous l'étreinte du scepticisme et sous celle plus cruelle encore d'un malaise trop longtemps prolongé. Car, lorsque le milieu social qui nous reçoit dans son sein est rempli d'élémens discordans, tous en lutte les uns contre les autres, comment n'y pas rencontrer une mer orageuse sur laquelle la navigation devient d'autant plus difficile qu'elle se fait, pour ainsi dire, sans boussole et en dehors de la direction de pilotes expérimentés ? Doué d'une de ces natures exceptionnelles que l'on trouve presque à chaque pas dans les temps de crise politique, Raymond de Turenne s'est rendu tristement fameux par la part active qu'il prit aux dissentions dont la Provence était travaillée, et par la guerre incessante qu'il fit aux deux derniers Papes qui siégèrent à Avignon. C'est à ce double titre que son nom se trouve mêlé à l'histoire de notre Comtat-Vénaissin et surtout à celle du grand schisme d'Occident qui, commencé sous Clément VII, ne fut définitivement clos qu'au Concile de Constance.

Si nous avions pu rencontrer chez les écrivains provençaux un essai biographique d'une certaine étendue sur ce fougueux ennemi de la papauté Avignonaise, il nous eût été facile de l'améliorer, soit en y cousant des anecdotes inconnues, soit en donnant à la distribution des matières une forme plus rationnelle et mieux adaptée au goût du temps où nous vivons. Mais ce travail qui aurait été pour nous d'un si grand prix, parce qu'il abrégeait le nôtre de plus de moitié, nous l'avons vainement recherché dans les biographies ou autres productions de cette nature qui ont été publiées jusqu'à ce jour par de savans compatriotes. Forcé donc de marcher seul et sans guide dans une carrière où personne avant nous ne s'est aventuré, il nous a fallu, pour venir à bout de notre tâche, faire intervenir ici les deux procédés dont la raison humaine se sert dans l'acquisition de la vérité philosophique : procédés qui ne sont autres que l'analyse et la synthèse si bien décrites par nos maîtres, dans l'art de penser. — Ainsi, avec la première nous avons d'abord fractionné en quelque sorte, la vie publique du personnage dont il s'agit de crayonner les traits, et cela afin d'en examiner les diverses parties avec plus d'attention et de grouper autour de chacune, les faits susceptibles de s'y rattacher, que nous avons trouvés épars dans les annales de notre ancienne province. Puis, ce travail de fastidieuse décomposition terminé, nous avons fait appel à la synthèse, au moyen de laquelle on coordonne et dispose ses matériaux de manière à former un ensemble harmonique, condition indispensable à toute œuvre d'art pour être favorablement accueillie des hommes compétens.

Nous insistons sur ce mot qui exprime de si rares qualités : et d'autant, que celles qu'il embrasse dans sa compréhension, n'appartiennent qu'à peu de personnes, il suit de là, que nous devons nous attendre à un nombre très-restreint de lecteurs. Car, bien loin de nous trouver au temps des études sérieuses et approfondies, nous sommes au contraire en celui où la frivolité et la dissipation satisfaites de pouvoir défrayer par la contribution quotidienne et légère des journaux le misérable contingent de la conversation, s'affranchissent trop souvent d'une instruction solide et soignée. Mais à cela que faire ? sinon s'armer de courage et remplir son devoir selon la mesure de son zèle, pour faire avancer d'un pas l'histoire locale dont chacun sent le vide et les lacunes, et la conduire à ce degré de perfection que semble réclamer l'âge scientifique dont le progrès de l'esprit humain a préparé l'avènement. Après avoir ainsi livré au public, avec notre pensée intime, le secret de la marche que nous avons suivie dans l'élaboration de cette étude sur Raymond de Turenne, nous allons entrer en matière sans plus d'observations préliminaires (1).

A l'époque qui forme le point de départ de nos récits, l'aurore des mauvais jours que devait traverser la Provence, avait déjà brillé d'un sinistre éclat. En effet, pour elle et ses habitans, allait se dérouler une série de malheurs dont les siècles passés nous fournissent peu d'exemples. Louis Ier d'Anjou, chef de la nouvelle dynastie qui régnait en ce pays, s'y était aliéné les esprits par sa hauteur, et plus encore par la réunion intempestive qu'il avait faite au domaine comtal, des terres que ses prédécesseurs en avaient détachées pour récompenser la noblesse, ou pour avoir de quoi fournir aux dépenses d'une guerre qu'il fallait soutenir au-delà des Alpes, dans la partie la plus reculée de l'Italie. Aussi, quand on apprit sa mort, les villes que la crainte retenait sous son obéissance, se soumirent à Charles de Duras, son compétiteur, et formèrent une ligue sous le titre d'*Union d'Aix*, du lieu de son origine. Il n'y eut que Marseille — Arles — Apt — Pertuis — Manosque et un petit nombre d'autres moins considérables, qui restèrent fidèles à Marie de Blois, mère et tutrice de Louis II, dont elles avaient embrassé la cause, grâce à la puissante initiative de la Cour romaine d'Avignon. Plusieurs seigneurs de haut lignage entrèrent dans cette ligue, qu'animaient les passions belliqueuses de Raymond de Turenne, génie inquiet et turbulent, que l'on retrouve

---

(1) Quoique pour plus de simplification j'aie évité en beaucoup d'endroits d'indiquer au bas des pages les sources où il m'a fallu puiser, je désire que l'on sache que les faits généraux qui ont trait à l'Histoire de Provence, m'ont été fournis concurremment par deux historiens renommés, le P. Papon de l'Oratoire, et M. Louis Méry de Marseille.

toujours en scène, avant, pendant et après les émotions populaires de cette époque d'anarchie civile et religieuse. Fils de Guillame Rogier comte de Beaufort et d'Éléonore de Comminges, il cherchait à venger, par la flamme et le fer, le tort que la maison d'Anjou lui avait fait, en le dépouillant de terres considérables que ses aïeux reçurent de la libéralité du souverain, et surtout de la terre de Pertuis, à laquelle était attaché un titre de comte qu'il portait avec orgueil.

Quoiqu'il dût au Pontificat avignonais le lustre et la grandeur de sa maison, ce fut particulièrement contre Clément VII, qu'il fit éclater sa vengeance ; car il se plaignait que la chambre apostolique lui retint de grosses sommes que son père avait prêtées à la Cour romaine, et quelques effets mobiliers d'une valeur considérable, provenans de la succession de Grégoire XI, son oncle. Ce n'est pas tout : il se plaignait encore que cette Cour refusât de lui payer le prix des services qu'il avait rendus lui-même à la Papauté, lorsqu'à la tête de ses vasseaux, il vint repousser une troupe de brigands qui voulaient s'emparer d'Avignon, et la livrer au pillage.

Nous ignorons jusqu'à quel point ces plaintes étaient fondées. Elles lui servirent cependant de prétexte pour commencer les hostilités sur les terres du Comtat qui appartenaient au Pape. Ce caractère altier ne respirait que la guerre, non celle qui a pour mission d'assurer le triomphe d'un droit ou d'une idée trop bien comprise par les masses, pour n'être pas immédiatement réalisée, mais celle dont le but est de faire prévaloir une volonté unique aux dépens de toutes les autres. Aidé du sénéchal de Beaucaire, il avait fait le dégât dans le territoire d'Arles et s'était emparé de quelques places voisines, sur lesquelles cette ville étendait sa juridiction. On aurait dit que la province, dépourvue de chef et retombée dans les convulsions de l'anarchie, était un héritage ouvert à l'avidité de quiconque voulait l'exploiter. Les divisions intestines favorisaient l'audace des seigneurs-feudataires qui confinés dans leurs châteaux, ne reconnaissaient d'autre droit que celui de leur épée. Le parti de Louis II, trop faible pour dominer la situation, avait député à la mère de ce jeune prince qui se trouvait à la cour de France, le comte de S.-Séverin, Raymond d'Agoult comte de Sault, et Guigonnet de Jarente, pour lui peindre sans doute le véritable état des choses et l'intéresser au sort du pays, dont la Providence venait de lui confier les rênes. Les députés de Marseille y arrivèrent aussi de leur côté, et tout ce que purent faire les uns et les autres fut de hâter le départ de la reine et de son fils, dont la présence devenait chaque jour plus nécessaire, pour raffermir le moral de populations toutes prêtes à s'abandonner à la fortune, si on tardait de venir à leur secours. Quant à ceux d'Aix, pour ne pas s'écarter des termes de leur mandat, ayant refusé de voir Marie de Blois, ils s'adressèrent directement à Charles VI, sous l'obéissance duquel ils désiraient se ranger : et la raison de cette préférence était, qu'à leurs yeux, il y aurait plus de chance de sécurité pour la province, de se donner à un grand roi qu'à un petit prince, à qui les exemples paternels pouvaient inspirer des idées de despotisme incompatibles avec les mœurs et les traditions des habitans.

Cependant Marie de Blois, durant le séjour qu'elle fit à Paris, n'y avait pas perdu son temps; et c'est à tort que quelques écrivains lui imputent d'avoir fait de cette capitale une autre Capoue, afin de s'y amollir avec son fils, dans les pompes et les vanités d'une cour plus avide de plaisirs que préoccupée d'affaires qui exigent une prompte solution. Loin de se livrer à une coupable oisiveté, elle agit avec tant d'instance auprès des ministres de Charles VI, que non-seulement elle rendit inutiles les efforts de la ligue, mais qu'elle obtint encore des secours pour faire passer plus tard des troupes en Italie, en vue de la conquête du royaume de Naples qu'il s'agissait de retirer des mains de Charles de Duras. Après cet heureux succès, la princesse et son fils quittèrent Paris et arrivèrent à Avignon le 24 avril 1385, où les nobles Provençaux et Napolitains qui avaient embrassé leur cause, se trouvaient en grand nombre. Louis II y fut reçu par Clément VII, en plein Consistoire, le 20 mai, et le lendemain, ayant fait à ce pape hommage de la couronne de Sicile, il en obtint l'investiture aux mêmes conditions que ses prédécesseurs, sous la promesse de renouveler son serment de fidélité quand il aurait atteint sa dix-huitième année. C'est tout ce que Clément put faire alors. Le peu d'autorité qu'il avait dans les états catholiques, à cause du schisme et de la perturbation qu'il avait jetée dans les esprits, la modicité de ses revenus qui à peine étaient au niveau des besoins de son entourage, les fluctuations de son caractère faible et irrésolu au milieu des plus graves conjonctures, la guerre incessante que lui faisait Raymond de Turenne, et par suite le mécontentement des populations, toujours exposées aux déprédations des gens de guerre, tout s'était réuni pour rendre son zèle impuissant. Néanmoins, rien n'égalait l'ardeur qu'il témoigna pour l'élévation de la maison d'Anjou : il sentait en effet, qu'en étendant l'empire de la jeune royauté, qui émanait d'elle, il reculerait les bornes de sa propre puissance : que s'il venait à bout de l'affermir sur le trône de Naples, une bonne partie de la Péninsule rentrerait en son obédience, et l'autre, trop faible pour résister à des armes combinées avec celles de la France, abandonnerait le Pape de Rome, et porterait ses hommages aux pieds de celui que les cardinaux d'Avignon s'étaient donné pour chef. Sous l'influence de ces idées, comme Clément VII n'avait rien oublié pour gagner en Provence des partisans à Louis Ier, lorsqu'il était à la conquête du royaume de Naples, il fit aussi les mêmes efforts pour Louis II son fils dont les intérêts se trouvaient confondus avec les siens. Dans cette circonstance, les Marseillais étaient les plus zélés; pleins d'enthousiasme pour une cause qui leur paraissait juste, ils se joignirent aux troupes du jeune roi, prirent quelques places sur le parti de Charles de Duras, et ayant à leur solde, non-seulement des arbalétriers, mais encore des gens uniquement destinés à dévaster les campagnes, ils firent le dégât aux environs d'Aix, et dans les lieux qu'on savait affiliés à la ligue de cette ville. — Cette guerre, semblable à celle qu'on se faisait au temps où la féodalité était dans toute sa force, avait pour principal but de brûler les villages, de couper les arbres, d'incendier les moissons, d'enlever femmes, vieillards, enfants et bestiaux, de mettre le feu aux granges et aux villas, et de démolir les murailles des cités lorsqu'on pouvait les approcher : en un mot, c'était à-peu-près l'exacte reproduction de ce qu'avait déjà fait et de ce que continuait à faire le vicomte de Turenne, depuis qu'il avait déclaré la guerre à la Papauté.

L'histoire de ce petit tyran est fort obscure, et le peu que

nous en savons, on l'emprunte des savantes expositions de
Baluze, ou des notes curieuses de Jean Lefèvre, évêque de
Chartres, chancelier de Marie de Blois. Nous apprenons
d'eux qu'il avait le génie des combats, et que la renommée
qu'il s'est acquise de par le monde, il la doit à la lutte incessante qui s'ouvrit entre lui et les deux derniers Papes.
qui siégèrent à Avignon. — On sait la réponse joyeuse
qu'il fit à ses affidés, lorsqu'ils lui apprirent que Clément VII
avait lancé contre lui les foudres canoniques dont l'Église se
sert pour faire triompher le droit de la force brutale, —
Raymond n'en fut point effrayé; « ils comptent, disait-il,
» en parlant du Pape et des Cardinaux, ils comptent me
» lasser par leurs excommunications : ils se trompent : ils ne
» réussiront pas mieux à lever des troupes en promettant
» des indulgences : J'aurai beaucoup plus de gens d'armes,
» pour mille florins, qu'ils n'en auront pour toutes les abso-
» lutions qu'ils pourraient faire donner en sept ans ; car les
» gens d'armes, ajoute malicieusement Froissard qui était
» cependant homme d'église, ne vivent pas de pardons ni
» n'en font pas très-grand cas, *fors au destroit de la mort.* »

Pardonnons-lui cette saillie trop enjouée, sur un sujet
digne de nos respects, en faveur de l'expression pittoresque
dont sa verve de chroniqueur n'a pas manqué de l'embellir :
et ce qui nous excite à cette condescendance, c'est l'espoir
bien fondé que nous avons de voir la hardiesse de la pensée
trouver grâce sous les livrées de la rhétorique, auprès des
lecteurs pieux et même auprès des hommes graves, nour-
ris de fortes et solides lectures. La métaphore, en effet, si
souvent employée par les écrivains du moyen-âge, répand,
sur leur style toujours naïf et toujours coloré, ce charme

attrayant dont l'effet est de nous faire envisager comme une bonne fortune, toute occasion qui s'offre à notre plume d'emprunter certains traits ingénieux échappés à la leur, pour en orner nos récits.

Pour ce qui est de la conduite de Raymond envers Marie de Blois, c'était entre elle et lui un état de brouille continuel, suivi d'un temps d'arrêt qu'on décorait du nom de paix : paix souvent sans raison d'être, et toujours mal définie, que le moindre incident faisait évanouir. C'est, du moins, l'idée que l'on prend à la lecture des écrivains Provençaux qui nous ont laissé le triste tableau de notre beau pays, pendant le dernier terme de la période papale Avignonaise.

Ce fut dans l'une de ces alternatives de paix et de guerre dont la Provence était témoin, que Raymond maria, au maréchal de Boucicaud gouverneur de Gênes, sa fille unique Antoinette de Turenne, l'une des femmes les plus accomplies de son siècle. — A cette occasion, des fêtes princières se donnèrent à Meyrargues, résidence du vicomte, remarquable par un château très-fort et très-bien situé qui, dans les temps de trouble comme ceux où l'on était alors, devenait l'asile des mécontens. C'est de là qu'il s'abattait, comme un vautour acharné à la poursuite de sa proie, sur les pays voisins, qu'il livrait ensuite aux instincts brutaux de ses soldats. On croit qu'après ce mariage, le maréchal prit le titre de comte de Pertuis, dont il se parait avec amour, soit que cette terre lui eût été apportée en dot par sa femme, soit que Marie de Blois, pour se l'attacher, l'eût restituée entre ses mains. La jeune femme resta quelque temps à Meyrargues, privée de son époux, dont des affaires pressantes avaient réclamé la présence au centre de son gouvernement : mais elle ne tarda pas à y être appelée elle-même, quand les choses eurent repris leur cours habituel, ainsi qu'en fait foi l'auteur de la vie de Boucicaud, que nous citons ici pour la charmante naïveté de son langage.

« Quand tout ce vid en prospérité le sage gouverneur
» adonque lui sembla tems de faire venir vers soy sa très-
» chère et bien aimée espouse, la belle, bonne et sage ma-
» dame Antoinette de Turenne, laquelle ne vivait pas aise,
» loing de la présence de son seigneur, ni luy semblable-
» ment : car ils s'entraimoient de grand amour et moult
» meinoient ensemble belle et bonne vie (1). » Si ce langage a vieilli, il exprime des idées et des sentimens dignes de rester toujours jeunes dans le cœur des époux fidèles à leurs saints engagemens.

Maintenant obligé de nous tenir sur le terrain de l'histoire locale, parce que les évènemens notables nous font défaut dans la vie politique de Raymond, et que ceux qu'on y rencontre ne s'élèvent pas au-dessus du niveau de la chronique, nous allons, en conséquence, placer ici les simples anecdotes que nous ont conservées Baluze et l'évêque de Chartres, celui-là dans ses notes et celui-ci dans son journal manuscrit déposé à la Bibliothèque impériale à Paris. Groupées en un seul faisceau, par le nœud de la synthèse historique, elles peuvent être utiles aux écrivains qui entreprendraient plus tard la biographie complète de ce personnage singulier, si peu connu des uns et si diversement jugé des autres.

Dans l'agencement de ces anecdotes, comme notre mar-

---

(1) Théodore Godefroy, histoire de messire Jean de Boucicaud, maréchal de France. 1 v. in-4°.

che va devenir chronologique, il nous faut dire au préalable, que la date qui leur sert de point de départ est l'année 1385, où Marie de Blois arriva en Provence pour se mettre en communication avec les principales villes de ce pays. Outre la clarté que cette date introduira dans notre narration, elle satisfaira de plus à l'une des deux conditions de temps et d'espace dont doit tenir compte, en face de chaque évènement celui qui se mêle de le décrire, s'il désire remplir convenablement sa mission. A l'époque dont il s'agit, Raymond, toujours irrité contre Clément VII et peu affectionné à Marie, parce qu'elle s'était déclarée pour ce Pontife, avait repris les armes au moins pour la cinquième fois depuis six ans et renouvellait les scènes atroces dont les Sarrazins et les Hongrois avaient effrayé les rives du Rhône et de la Durance, plusieurs siècles auparavant. Les troupes qu'il commandait ne le cédaient pas en barbarie à ces farouches sectateurs de l'islamisme. C'était un ignoble ramas de voleurs, d'assassins et de gens sans aveu, venus de tous les points de la France, pour se mettre à sa solde, et servir d'instrument à ses vengeances.—Hommes sans entrailles, ils ne savaient ni pardonner aux vaincus, ni respecter l'âge et le sexe. Incapables de faire le siège d'une grande ville, ils se bornaient à brûler les granges et à ravager les campagnes, surtout lorsqu'elles étaient chargées de moissons. — Quelquefois, emportant un bourg par surprise, ils y mettaient une garnison dont la présence faisait gagner le large aux malheureux habitans obligés de chercher un abri dans l'intérieur des forêts, ou sous le creux des rochers qui les avoisinent. Mais plus souvent, ils tombaient à l'improviste sur les villages sans défense et les livraient aux flammes après s'être chargés de butin. La terreur était partout si grande, que les agens de l'autorité publique envoyaient des troupes dans les campagnes, pour veiller à la sûreté du paysan qui cultivait son champ. Aussi, la dépopulation occasionnée par la fuite des habitans, ou par le fer de l'ennemi, se fit tellement sentir dans certaines villes, que plusieurs affranchirent de la taille, pendant dix ans, les familles qui viendraient s'y établir.

Dans l'un des intervalles qui séparent les paroxismes de cette guerre impie, nous trouvons une démarche officieuse auprès de Raymond, faite par l'évêque d'Apt conjointement avec la ville de Tarascon, démarche que le chancelier d'Anjou n'a pas manqué de relater dans son journal. — Touchés des maux qui affligeaient la province, le prélat et le conseil supérieur de la ville déjà nommée, prirent l'initiative d'écrire au vicomte, dans le but sans doute d'amener une entente cordiale entre lui et la reine-mère, en attendant que la paix pût se faire avec le Pape, à des conditions honorables pour les deux parties. Leurs lettres visaient surtout à persuader au vassal, qu'il était dans son intérêt de se rendre auprès de sa suzeraine, pour s'accorder avec elle, et lui prêter l'appui de ses lumières, au milieu des difficultés qui compliquaient la situation politique du pays. Marie se trouvait alors à Avignon, où elle était arrivée, après avoir séjourné quelque temps à Villeneuve, petite ville du Languedoc, voisine de la cité papale; car elle n'était point encore venue à Apt, pour s'y mettre en rapport, comme on l'a dit, avec les communes du comté de Forcalquier, qu'elle espérait gagner à sa cause, en les détachant de la ligue-d'Aix, qui agissait ouvertement contre les

intérêts de son fils. La princesse, de son côté, avait envoyé à son redoutable feudataire une personne de confiance, avec charge de l'inviter de sa part à cette visite qui devait, d'autant plus, la combler de joie, qu'elle n'ignorait pas l'ascendant qu'il exerçait en Provence, et surtout dans les pays de la vallée de la Durance, qu'elle se proposait de bientôt visiter. On se trouvait alors au 7 du mois de mai de l'année sus-mentionnée. Le Pape, jaloux de condescendre aux désirs de Marie, avait permis à Raymond, sous la foi du serment, de rester à Avignon, en toute liberté, l'espace de quinze jours, et même plus longtemps si besoin était, et si cela plaisait à la princesse. Raymond vint en effet auprès d'elle, et arriva le lendemain du jour mémorable de l'Ascension, qui tombait cette année au 11 du même mois. Alors l'envoyé du prélat Aptésien, qu'on croit être un de ses pages, rendit au vicomte les lettres dont il était porteur : lettres ayant pour but de l'accréditer auprès du prince, et d'en obtenir foi et créance pour les propositions qu'il avait charge de faire valoir, au nom de son patron, et de la ville qui lui servait d'auxiliaire. — Sommé d'articuler ces propositions, il le fit aussi bien qu'il put : mais on les trouva si vagues, et si peu favorables aux intérêts de la reine, que le vicomte lui-même le laissa partir, sans lui dire autre chose que des paroles de courtoisie, pour le prélat qui l'avait envoyé. Cependant, il voulut répondre, comme de juste, aux lettres de ce dignitaire, et la réponse qu'on rédigea par ordre de Marie, au nom de son vassal, fut écrite sous la dictée de l'évêque de Chartres qui avait été témoin de la réception de cette ambassade épiscopale. Voici de quelle manière il a consigné ces détails dans son journal, que nous

mettrons souvent à contribution : « Ce jour 8 may, un var-
» let nommé Jacobus de Reillane vint de Tarascon et ap-
» portoit lettres de l'évesque d'Apt et de ladite ville au
» visconte de Turenne et les monstra à Madame : et pour
» ce Madame escript au visconte que il voulsist venir toutes
» choses laissées.—Mercredi vigile de l'Ascension, proposa
» (parla) messire Jehan d'Aramon devant Madame et le roy
» son fils pour l'université (commune) d'Avignon sur ce
» texte : *Venimus adorare*. — Même jour, le roy fust aux
» vêpres solempnelles du Pape et après vêpres Mgr d'Em-
» brun relata aulcunes choses qui en son hostel ce matin luy
» avoient été adressées. — 12 may lendemain de l'Ascen-
» sion, vint le viscomte de Turenne mandé de Madame en
» la présence de laquelle Jacobus luy présente lettres de
» l'évesque d'Apt et de la ville de Tarascon et déploie au vis-
» conte sa créance qui n'estoit point de proufit à Madame et
» partant ne l'écris point : par l'ordonnance de Madame je
» dicté les lettres que le viscomte rescripriroit à l'évesque
» et à ceulx de Tarascon..... »

Marie de Blois cherchait alors, comme on voit, à faire de la politique de conciliation : car, à l'époque dont il s'agit, ces mauvais jours, dont l'aurore avait éclairé les premières armes de Raymond de Turenne, commençaient à luire sur la Provence, où les partisans des deux contendans au trône de la reine Jeanne, se disputaient le pouvoir avec un acharnement sans exemple. Ainsi, déjà cette malheureuse province, faute d'un chef formellement reconnu, était livrée aux fureurs de la guerre civile et subissait tous les maux qu'elle entraîne à sa suite. Parmi les seigneurs feudataires, les uns tenaient pour Charles de Duras et les autres pour Louis II, qui encore qu'il fût sur les lieux, n'avait pas pour cela une autorité mieux affermie que celle de son rival. Quelques-uns, tels que Raymond de Turenne, flottaient incertains entre les deux compétiteurs dont ils épousaient ou désertaient la cause, sur le moindre prétexte ou pour le plus léger mécontentement. Car toute l'histoire du noble vicomte, dans ses rapports avec la mère de Louis II, n'est qu'une série d'actes d'hostilité suivie d'une suspension d'armes amenée par une trêve qui durait à peine quelques mois.

Dans cet état de choses, la reine-mère cherchait plutôt par douceur que par force, à ramener sous le sceptre de leur jeune souverain les deux pays dont la Provence était formée, l'un, au-delà de la Durance, ayant Aix pour capitale, et l'autre en deçà, appelé comté de Forcalquier du nom de son chef-lieu. Raymond, l'un des grands vassaux de cette contrée, y possédait de nombreux et vastes domaines protégés par des châteaux-forts contre les tentatives des ambitieux qui, dans les siècles d'anarchie du moyen-âge, étaient plus communs qu'ils ne sont aujourd'hui, grâce à l'admirable fonctionnement de notre machine politique. Tandis que le vicomte était auprès de Marie à Avignon, et que celle-ci le pressait de faire au jeune roi l'hommage que tout feudataire doit à son seigneur, il s'en excusa, alléguant que personne ne lui en avait encore donné l'exemple, et que, par conséquent, il ne voulait point être le premier à prendre une position tranchée vis-à-vis d'un pouvoir que tout le monde n'avait point encore reconnu. Cependant, vaincu par de nouvelles instances, il prêta foi et hommage à Louis II le 27 juin, en présence du comte-chambellan seigneur de Sault, de Raymond-Bernard Flaming jurisconsuite de la reine, du comte de Beaufort, et d'autres personnages plus ou moins qualifiés, dont il est inutile de citer les noms. Il faut dire toutefois que ce qui avait empêché le vicomte de remplir plus tôt cet acte de fidèle vassal, fut la maladie qui l'atteignit à Avignon et l'y retint au-delà du terme qui lui avait été accordé par le sauf-conduit papal ; car nous lisons que le 30 du même mois, Marie, par lettres-patentes scellées de la main de l'évêque de Chartres, lui confirme toutes les donations faites en faveur de sa maison par les rois de Sicile, qui l'avaient précédée dans l'exercice du souverain pouvoir. Ainsi, Raymond se trouvait avoir dépassé la limite du délai qu'on lui avait assigné pour rester dans la ville pontificale, et probablement à la prière de la reine un nouveau délai, était venu s'ajouter au premier, pour lui donner le moyen de conclure toutes les affaires qu'il avait à régler avec sa souveraine.

Au moment où cette princesse croyait avoir gagné les sympathies du redoutable vicomte, l'état de guerre existait toujours entre lui et les Arlésiens, dont il avait, comme on doit se le rappeler, attaqué la ville et dévasté le territoire. Là, il aurait fait, assure-t-on, un certain nombre de prisonniers enfermés par son ordre dans le château de St-Rémy, l'un des plus beaux joyaux de son écrin seigneurial. Comme les Arlésiens souffraient de cet état de choses, qui les tenait continuellement en émoi, et que Raymond, de son côté, se jugeait en danger, vu qu'il était loin du centre de ses opérations, ils convinrent entr'eux de soumettre leur différend à l'arbitrage des conseillers de la reine-mère. Les délégués des deux parties se réunirent en effet à Avignon, auprès d'elle, le 18 du mois de décembre ; mais faute de s'entendre sur les conditions du traité, il fut du moins arrêté qu'en attendant que la paix se signât, on surseoirait à tous actes d'hostilité réciproque sur les terres des belligérans. Ce préliminaire posé, la paix après laquelle on soupirait de part et d'autre, ne se fit pas trop attendre ; car, le 22 du même mois, l'évêque de Chartres et Georges de Marles, grand maréchal du palais papal, l'avaient conclue aux conditions suivantes, savoir : que les Arlésiens payeraient à Raymond 300 florins d'or, et que lui de son côté, mettrait en liberté les prisonniers qu'il avait faits en guerre, et qui étaient en dépôt au château de Saint-Rémy. — Que la moitié de ladite somme serait payée le 10 du mois de janvier prochain, ou comme s'exprime le prélat dans son journal, *dedans le dixième jour du mois ensuivant*. Peu de jours auparavant, le même prélat avait écrit a Raymond pour l'inviter à élargir trois citoyens d'Arles qui, retenus prisonniers à Allamanon et à Aureille, étaient désireux, comme ceux de Saint-Rémy, de rentrer dans leurs foyers ; à quoi le vicomte répondit, que c'était à son insu, et malgré lui, qu'on avait gardé ces citoyens en captivité : qu'il était loin d'approuver l'acte arbitraire qui les avait privés de leur liberté, qu'il veillerait à ce que désormais pareil abus ne se renouvellât plus parmi les siens, au préjudice des gens paisibles, et en même temps il adressa à la reine des lettres pleines de respect et de révérence, lui protestant de son dévouement pour sa personne et pour celle de son fils.

La mère de Louis II, enchantée de ce nouveau témoignage de fidélité, qui était pour son parti de si haute conséquence, ne voulut pas se laisser vaincre en générosité par son vassal, quelque élevé qu'il fût à ses yeux. C'est pourquoi, de l'avis de ses conseillers et en contemplation de la paix, qui lui était si nécessaire, elle confirma à Raymond, à son père et à sa mère, tous les domaines tenus par eux en Provence, et s'engagea de plus à prononcer avec équité sur le litige qui existait entre lui et le vicomte de Valernes son oncle, litige qu'il était dans l'intérêt de Marie de faire cesser : et à n'avoir en vue d'autre considération, en prononçant sur le droit des parties, que la plus étroite justice. Les lettres, de cette confirmation, scellées par l'évêque de Chartres, portent la date du 15 janvier 1386, nouveau style. Nous disons *nouveau style*, vu que pour les gens d'église qui suivaient la pratique romaine, le millésime était encore 1385, et cela, parce que l'année s'ouvrait aux fêtes de Pâques, lesquelles, comme on sait, tombent entre deux limites invariables, l'une au 21 mars, et l'autre au 25 du mois suivant.

Peu de temps après, le prélat déjà cité scella un mandement de Marie, qui enjoignait à ses officiers d'Arles, de faire rendre justice à Raymond, à l'encontre de quelques habitans de cette ville, détenteurs des bijoux, joyaux et autres autres objets de toilette, appartenans à Jeanne de Beaufort, sœur du vicomte de Turenne, qui avaient été volés à l'époque où le village des Baux fut pris d'assaut par les troupes Arlésiennes. On sait que dans toutes les grandes maisons, qui florissaient alors, c'était la coutume de conserver soigneusement ces magnifiques produits de la nature, que nous appellons diamans et pierres précieuses, lesquels passaient, à chaque succession, dans les mains de l'aîné de la famille. On y tenait, moins pour leur valeur intrinsèque, que pour le prestige dont ils environnent, aux yeux du peuple, les représentans de ces vieilles races, qui figurent déjà glorieuses au berceau de la monarchie. — Les heureux possesseurs de ces splendides superfluités, aiment à les contempler dans leur cassette avec autant de plaisir que le sage des stoïciens s'appliquait à admirer les œuvres de la nature ; et, de fait, ne dirait-on pas que la majesté est ramassée en petit dans les pierreries, dont les magiques reflets le disputent aux plus vives lumières et aux nuances les plus admirables ? Ne dirait-on pas que ce sont des fleurs incorruptibles et immortelles, où il semble que la beauté se soit fixée, quoiqu'elle devienne changeante et périssable partout ailleurs ? Au reste, quelqu'idée philosophique que l'on se fasse de ces riches trésors dont le créateur a gratifié l'homme, nous pensons qu'il faut s'en tenir au jugement de ce sage romain qui dit dans Tacite, qu'en matière de luxe et de représentation, le trop et l'assez ne doivent se mesurer que sur la fortune de ceux qui croient pouvoir licitement accorder à leur position cet éclat factice et emprunté.

Quelque persuadé que nous soyons de la justesse de ces réflexions sur les bijoux en général, elles auraient cependant plus de mérite à nos yeux, s'il nous était possible en ce moment de donner à nos lecteurs quelque nouvelle de ceux de Jeanne de Beaufort. Mais, le journal de l'évêque de Chartres ne contenant aucune donnée à cet égard, il demeurera toujours incertain pour nous, si le mandement de la reine eût assez d'empire sur les esprits pour faire rentrer dans leur écrin les objets précieux dont ceux d'Arles s'étaient nantis, au préjudice de la noble dame. Plutôt que de nous attarder sur ces menus détails, il nous convient mieux de rappeler ici que Marie, toujours animée d'un sentiment de bienveillance envers Raymond, promit de lui donner avant l'échéance du 24 juin, trois domaines dans la vicomté de Limoges. Au dire de Baluze, c'étaient les châteaux d'Ayen, de Chastel-Nouvel et de Chervi. Dans les lettres-patentes expédiées en cette occasion, la reine s'obligeait, au cas où des obstacles s'opposeraient à la livraison de ces châteaux, de lui donner une rente annuelle dont le *minimum* serait de mille livres tournois, à prendre dans les comtés de Provence et de Forcalquier, et de fournir en garantie une hypothèque sur ses propres biens et ceux de ses enfans. Cela fait, on envoya, de par la reine, aux Baux, auprès de Raymond, quelques personnes de confiance, investies d'un caractère public, avec ordre de prendre de lui un nouveau serment de fidélité, pour les récentes donations qu'il venait de recevoir, comme aussi de fixer le *quantùm* de la somme que Marie serait tenue d'offrir à son vassal, si par hazard elle ne pouvait le mettre en possession de terres en quantité suffisante pour former au moins un revenu de mille livres. Les envoyés de la princesse, retournés à Avignon le 22 du même mois, ayant fait leur rapport, l'assurèrent des dispositions pacifiques du vicomte, dispositions fortifiées de sa parole formelle et garanties par la prestation de foi et hommage qu'il venait d'accomplir.

Ce fut sous l'impression de cette agréable nouvelle que Marie se disposa à aller à Apt, où on l'attendait avec une juste impatience; car, déjà la municipalité de cette ville avait député auprès d'elle, plusieurs notables citoyens pour la prier de condescendre à ses désirs, en lui faisant remarquer que de là elle pourrait plus facilement agir sur l'esprit des habitans du comté de Forcalquier, qui ne demandaient pas mieux que d'acclamer le jeune roi et de suivre ses bannières. — Si l'enthousiasme entraîne souvent des populations vives et faciles à émouvoir, au delà des limites d'une sage modération, et les fait taxer de servilisme par les esprits froids et positifs, qui ne comprennent les élans du cœur qu'autant qu'ils ne dépassent pas les cadres de leur étroite politique : ici, du moins, ce sentiment était réfléchi dans l'élite du pays, qui ne se donna à la nouvelle dynastie qu'après avoir longtemps calculé sa démarche et avoir stipulé de solides garanties en faveur du régime municipal qu'il était si jaloux de conserver. — La Reine-Mère, en effet, accompagnée de son fils fit son entrée solennelle dans la cité Julienne, le 29 janvier, et y séjourna jusqu'à la fête de la Madeleine, qui tombe, comme on sait, le 22 juillet de chaque année (1). Maintenant que nous savons qu'Apt va devenir un centre d'action pour les affaires de la province,

(1) On peut voir la description de cette entrée solennelle dans mes *Etudes historiques sur le 14me siècle*.— Seulement, je rappellerai ici que Marie de Blois fut reçue à la porte de la ville par les syndics, escortés du corps municipal et par l'évêque, à la tête de son clergé. Bertrand Imberti évêque de Vintimille, marchait à côté du prélat aptésien, et lui servait de second dans toutes les cérémonies qui exigent la présence du pouvoir épiscopal. Ce même Bertrand Imberti, *né de la ville*, comme le qualifie le chancelier d'Anjou, sortait des rangs de la petite bourgeoisie et avait été élevé à la prélature par Clément VII, sur la recommandation de la mère de Louis II. Ainsi on devait voir en lui un de ces hommes rares que les princes nomment aux dignités de l'Eglise, en vue de la supériorité reconnue de leur mérite ; ou, si l'on veut, un de ces évêques qu'un aveugle préjugé, pour emprunter le langage du cardinal Maury (a), croit peut être rabaisser, mais qu'il rehausse encore sans le vouloir, en les appelant des *parvenus* ou des *prélats de fortune*, tandis qu'ils sont les seuls, au contraire, pour qui la fortune n'ait rien fait. Mais, revenons à Marie de Blois. Toutes les villes qu'elle eut l'occasion de visiter dans cette circonstance, rivalisèrent de zèle et d'enthousiasme pour témoigner à la princesse et à son fils de

(a) *Essais sur l'éloquence de la Chaire*, t. 2.

qui intéressaient directement le jeune roi, nous allons relater ici, d'après les notes de l'évêque de Chartres, tous les faits saillans de Raymond de Turenne, dont Marie de Blois eut à s'occuper pendant son séjour sur les rives du Caulon.

30 *Janvier*. — La Reine étant arrivée à Apt, plusieurs seigneurs des environs s'empressent de venir la complimenter et lui promettent aide et protection, pour amener le triomphe de la cause de son fils. Dans cette circonstance, Raymond, qui habitait son château de Meyrargues, n'ayant pas pu, ou n'ayant pas voulu se rendre en personne auprès d'elle pour s'acquitter de ce devoir, envoya à sa place un de ses écuyers, dont les manières distinguées valurent à celui-ci, de la part de la princesse, une jolie étrenne en numéraire, mentionnée plus bas par le chancelier d'Anjou. — Cette démarche de l'inconstant vicomte n'était dans son esprit qu'un simple acte de courtoisie qui lui parut sans conséquence pour les principes qu'il professait : principes qui le tinrent toujours dans un état de fluctuation entre les deux compétiteurs au trône de Sicile, et le firent pencher tantôt vers l'un et tantôt vers l'autre, au gré de son humeur. Car, à cette époque, les idées de chevalerie qui régnaient encore de par le monde, n'auraient pas permis à un person-

---

leur profond dévouement à la nouvelle dynastie. Cependant nulle cité ne se montra mieux que Marseille qui, a raison de son opulence, fit des fêtes extraordinaires, dont les auteurs contemporains nous ont laissé d'intéressantes relations. Plus tard, cette grande ville fit exécuter, par un artiste distingué, le tableau de l'entrée triomphale de Louis II, que l'on voyait jadis, au dire de l'abbé Papon, dans une des salles de l'hôtel de ville. — Vid. *Voyage de Provence*, t. 1", p. 286.

nage aussi renommé que Raymond de Turenne de négliger d'offrir ses hommages à une noble dame, telle que Marie de Blois, encore qu'il eût été hostile à sa cause. Aujourd'hui, sans doute, on se tiendrait soigneusement à l'écart pour ménager des susceptibilités chatouilleuses, et pour ne pas se voir inculpé de trahir les intérêts de son parti ; mais alors on croyait que si la politique a ses droits, la politesse a aussi les siens, qu'il est défendu à tout homme bien élevé de violer. — De là, le proverbe, autre temps autres mœurs, dont il faut tenir compte en histoire, si l'on veut apprécier sainement les hommes et les choses. Voici, du reste, la note de l'évêque de Chartres, à l'occasion du petit événement qui forme la matière de cet article. « Ce
» jour, j'entendis par parlers de Madame que Bosquet
» escuyer de messire Raymond de Turenne estoit venu en
» Apt et avoit reçu de sa main 200 florins d'or.

2 *février*, fête de la Chandeleur. — Le corps de ville sollicite de la reine sa protection pour quelques membres du clergé Aptésien qui avaient bien mérité de l'église par leurs savants écrits à l'encontre de l'hérésie Albigeoise. C'était alors un de ces heureux momens où rien encore ne paraissait troubler la bonne harmonie qui régnait entre Marie et Raymond de Turenne. Jaloux de profiter de cette circonstance, pour faire une démonstration en faveur de ces dignes ecclésiastiques, les syndics les signalèrent à la mère de Louis II avec prière d'attirer sur eux, par ses instances, les grâces de la cour romaine, qu'ils semblaient avoir gagnées au prix des plus pénibles labeurs : « Madame, lui dirent-ils, nous
» prévenons l'ardeur et l'unanimité de nos concitoyens, en

» ayant l'honneur de vous proposer de mettre d'estimables
» théologiens, sous les yeux du sage prélat qui a la confiance
» du Pape pour le ministère des bénéfices, et de les recom-
» mander à Mgr le cardinal de Saint-Martial, protecteur de
» notre ville, même pour des récompenses éclatantes et des
» places distinguées (1). » Ces quelques paroles indiquent
assez le fonds sur lequel les syndics brodèrent leur harangue ; et, de fait, quels plus beaux degrés pour monter
aux dignités de l'Eglise, que ceux du sanctuaire et de l'au-
tel, ou, pour parler sans figure, que ceux de la hiérarchie,
défendus par des bras victorieux contre les entreprises de
l'indépendance et de la rébellion? Plus on s'empressera de
susciter à la cause de la foi, d'utiles et généreux défenseurs,
plus on veillera, avec un zèle courageux, sur l'immortel dépôt des vérités révélées, et plus aussi acquittera-t-on la
dette immense et privilégiée qui pèse sur tout chrétien, envers la religion, dont l'éclat se réfléchit sur sa vie depuis le
berceau jusqu'à la tombe. Ici, nous voyons l'ordre civil
prendre l'initiative sur l'ordre clérical, dans une chose qui
intéresse l'église de Dieu; mais qu'importe qui commence le
mouvement, pourvu qu'il se maintienne et tourne au profit
de la société chrétienne? La conquête des âmes sera toujours, aux yeux des pieux laïques comme des prêtres, le
but constant de leurs efforts et de leurs victoires ; car, les
uns et les autres animés de cet esprit d'abnégation qu'ins-
pire l'évangile, peuvent dire avec une égale vérité : *Da
mihi animas et cætera tolle tibi.* (Genes, 14-21.)

---

(1) Baluze.—Remerville.—Jean Lefèvre.—Comptes du trésorier, résumés par le Prieur de Lioux.

9 *Mars*. — Raymond envoie encore son écuyer pour se plaindre à la Reine de ce que ses troupes étaient venues s'emparer du château d'Aureille, petite localité sise près de la ville de Tarascon. « Ce jour, dit l'évêque de Chartres, re-
» vint en Apt Jehan de Sains canonge de Paris et Bosquet
» avec luy, lequel dict à Madame que messire Raymond de
» Turenne se plaignoit fortement de ce que Haussart avec
» son monde estoit en Aureille qu'il dict estre sien. — Dict
» luy fust que Madame estoit merveillée comme quoy ledit
» messire aurait fait courir sus à ceulx dAureille, depuis les
» bannières de Madame et du roy Loys mises et arborées au
» cloquier et en avaient ses gens occis trois traitreusement. »
La loi d'alors était l'arbitraire le plus complet, et cela par l'absence d'une autorité centrale, fortement organisée, qui tînt toutes les autres à leur place et les empêcha de sortir de la sphère assignée à leur activité respective. Ce qu'il y a de plus singulier dans la circonstance actuelle, c'est que Raymond de Turenne se plaigne d'une voie de fait commise à son égard, lui qui ne s'en faisait pas faute vis-à-vis des fidèles sujets de la reine, lui qui guettait la moindre occasion de verser sur eux les flots de sa colère. Tantôt nous étions édifiés d'un accord au moins apparent, qui semblait promettre quelques beaux jours à la province que Dieu avait livrée jusqu'ici à de cruelles épreuves. Mais cet espoir n'était qu'un jeu de l'imagination, un de ces mirages intellectuels dont l'illusion se découvre en moins de temps qu'il n'en faut pour reconnaître celle du phénomène physique qui fascine si singulièrement la vue au milieu des vastes plaines du désert. Car, voici venir la brouille qui éclate de nouveau entre la princesse et son orgueilleux feudataire, brouille dont les

malheureuses populations de la campagne subiront la triste conséquence.

5 *Avril*. — Raymond, en effet, ne tarde pas à signaler le ressentiment que lui a causé la réponse de la reine, rapportée plus haut. L'acte d'hostilité qu'on lui impute en ce moment ne figure ici que pour mémoire dans la longue série des méfaits mis à sa charge, durant le cours de la guerre impie qu'il continua de faire à la tiare et à la royauté. Marie en reçut l'avis à Apt, au milieu des témoignages de respect et de sympathie que cette ville ne cessa de lui prodiguer. L'évêque de Chartres note le fait en question de la manière suivante : D'abord, en marge, il place cette petite rubrique latine : *Excessus ex parte ipsius Raymundi* : Enormité de la part de Raymond. Puis, dans le texte, les paroles que voici :
« Messire Raymond de Turenne a faict courir sus à Orgon,
» tuer et prendre gens ceste semaine, ainsi que l'a escript
» Géorsin à Guigonnet de Flotte conseiller de Madame. »

Dimanche 8 avril. — Eléonore de Comminges, mère de notre vicomte, maltraite des marchands de poissons qui passaient par Meyrargues, pour aller les vendre à Manosque et dans les lieux environans. — Peu contente d'en user ainsi vis-à-vis de gens entièrement inoffensifs, elle commande à ses serviteurs de fouler aux pieds le petit drapeau royal qui flottait sur le dos de leurs mulets, et cela, afin de mieux faire éclater sa haine contre la maison d'Anjou. « Ce jour dit le
» prélat déjà cité, vinrent en Apt poissonniers esquels la mère
» de messire Raymond au passer par Meyrargues, avoit faict
» vilenie en leur commandant qu'ils mangeassent le pennon

» du roy Loys : et ledit pennon par ses pages fit trainer et
» aux pieds fouler : et les dits poissonniers avoit mis à ran-
» çon et prison » Ici nous avons sous les yeux un trait de vengeance féminine en matière politique, qui nous montre jusqu'à quel excès peut descendre l'esprit de parti, lorsqu'il s'écarte des principes de modération destinés à le retenir dans les limites convenables. Qui ne serait indigné de voir une noble dame aux prises avec de pauvres marchands pour les forcer à avaler les lambeaux de leur banderolle, qu'elle venait de faire lacérer par ses valets ! On nous dira peut-être que le siècle où tout cela s'est passé, et ceux qui l'ont précédé, étaient des siècles poétiques. Oui, pour nous qui les voyons dans le lointain des âges et à travers le prisme prestigieux de l'imagination; mais non pour ceux qui avaient le malheur d'y vivre et de s'y voir exposés aux insultes des forts et des puissans. Cependant, à ceux qui regrettent la poésie de ce temps, si différent du nôtre, on peut répondre avec un écrivain célèbre (Lamennais) : « N'avons-nous pas de
» quoi nous consoler de cette perte ? N'avons-nous pas ce
» qu'il y a de plus poétique au monde : le demi-jour pour
» l'esprit et la souffrance pour l'âme ? La poésie est comme
» la longue plainte de l'humanité exilée ; ne craignons pas
» que jamais elle s'éteigne dans le monde. »

24 Juin, jour de la fête de saint Jean-Baptiste. — On fait savoir à la reine l'affaire de l'abbaye de Sauvecane, sur les bords de la Durance, que les moines avaient désertée par la crainte de l'ennemi et l'impossibilité d'une résistance sérieuse. Là, un détachement des troupes de la princesse repoussa avec vigueur l'attaque d'un capitaine qui était au

service du vicomte, et l'un de ses plus hardis champions. « Ce jour, dit le chancelier d'Anjou, estant Bertrand Boi-
» tard, le sire de Cuers, et les aultres gens de Madame, en
» un monestier nommé Sylvecane, vinrent sur eulx les gens
» de Foisserand capitaine de Malemort et crioient *Sainct*
» *George les Baux* ! — Les gens de Madame les reboutèrent
» de main de maître jusques à leur forteresse et en occirent,
» prirent et emmenèrent à leur logis dans les cloistres du-
» dit lieu. » — De cette sainte abbaye, célèbre dans les fastes de l'église d'Aix, c'est l'unique mention que l'évêque de Chartres ait faite dans son journal. Sans le mince fait d'armes dont elle fut témoin, jamais son nom peut-être ne serait venu au bout de la plume de ce prélat, qui colligeait plutôt des notes de répertoire, que des matériaux pour l'histoire. Cependant elle aurait été, dit-on, visitée comme Valsainte et Sénanque par S. Bernard, dans les courses apostoliques qu'il fit en Provence, pour y combattre l'hérésie, qui se propageait avec une déplorable activité, — L'édifice claustral de Sauvecane est loin sans doute de pouvoir être comparé, pour le style grandiose, à celui de Sénanque construit dans de plus belles proportions : mais il offre, néanmoins des parties assez imposantes pour attirer l'attention des touristes et des amis de l'art. Le chrétien qu'anime l'esprit de foi, y trouvera aussi quelque chose de pompeux et de naïf dont sa ferveur se sentira émue et transportée. Car dans ces vieux temples, dépouillés de leurs ornemens et privés de leurs fêtes, il y a toujours, malgré qu'on en ait, une vive image de la présence de Dieu. Les chants, les rits. les costumes avec toutes les autres formes du culte que l'imagination rétablit dans leur enceinte dénu-

dée, contrastent si fort avec notre société malheureusement éprise des tristes systèmes du réalisme, qu'on ne se sent plus le même homme, lorsque l'idéal religieux s'impose à l'esprit et en subjuge toutes les puissances. — S'il est difficile de ne pas oublier Dieu partout ailleurs, il est difficile, dans une église telle que celle de Sauvecane, de ne pas s'en souvenir.

10 *Août*. — Déjà Marie a quitté Apt, et est allée à Sisteron, qui aurait fait plus tôt sa soumission sans les intrigans et les brouillons que cette ville voyait à sa tête. Là, mal inspirée par ses conseillers, dans sa politique envers Raymond de Turenne, elle prend à son égard une mesure irritante, en signant, en faveur des habitants de S.-Remi, des lettres-patentes qui durent singulièrement froisser le cœur altier de son vassal rebelle; car ces lettres confirmaient, au moins implicitement, la confiscation de ce riche pays qui, possédé par lui à titre héréditaire, avait par cela même un droit spécial à son affection. Alors on parlait, de par le monde, d'une nouvelle recrudescence d'hostilités de la part de Raymond contre Clément VII, et les choses en étaient au point que les gens d'armes du vicomte ravageaient journellement la plaine d'Avignon, jusqu'aux portes de la ville. Dans ces combats, sans cesse renouvellés, la victoire ne se fixait pas toujours du côté du bon droit, et la preuve c'est, qu'en une rencontre, les soldats du Pape en étant venus aux mains avec ceux de son ennemi, furent taillés en pièces et dispersés, auprès d'un bourg nommé *Eyragues*, à qui cette déroute a donné une importance historique. De Sisteron, où elle était depuis environ trois semaines, Marie s'achemina

vers Manosque, où on l'installa dans le beau palais des chevaliers de Saint-Jean-de-Jérusalem. Ce palais, si remarquable par l'élévation de ses tours, *qui dressent* comme dit le P. Columbi (1), *leur tête avec tant de fierté au-dessus de la simple demeure des citoyens*, était la maison de plaisance des comtes de Forcalquier que Guillaume le Jeune, dans un mouvement de dévotion, avait donné à cet ordre, pour lui servir d'hospice ou de couvent. Ce prince, en effet, avait tiré les chevaliers de leur antique manoir, situé à Manosque, auprès de l'église de S.-Pierre, quartier de même nom, pour les établir dans sa maison princière, qui devint plus tard le siége d'un bailliage de l'ordre de Malte. Mais à l'époque de nos récits, elle n'était encore que le siége d'une commanderie, dont le titulaire était Jean de Savines, proche parent ou peut-être frère de l'évêque d'Apt, porteur du même nom. De tout ce vaste et pompeux édifice, il ne reste plus le moindre vestige. Le monticule même qui le supportait, a été applani pour former une belle place sans doute, propre à recevoir des embellissemens, mais dont le nom prosaïque demeure inconnu à la glorieuse langue du passé.

Les affaires du roi n'ayant pas permis à l'évêque de Chartres de suivre sa souveraine dans sa nouvelle résidence, il partit de Sisteron pour se rendre en cour romaine, auprès de Clément VII. Voici de quelle manière il note son voyage:
« Au vespre, vins en Avignon et parlai deux fois à Em-
» brun (cardinal de ce nom) et messire Jehan de Sain qui
» estoit venu de chez Madame, me dict qu'elle estoit partie
» de Sisteron et allée à Manosque où l'attendoit le comman-

---

(1) Histoire de Manosque, in-12.

» deur de l'Hospital de cette ville. — Le lendemain vins à
» l'Isle de Venyse au matin et à la requeste de Guillaume de
» Saignes et de George de Marle, les attendis-là et ils vin-
» rent au vespre au rendez-vous. » L'évêque, avec les
deux personnages qu'on vient de nommer, resta toute la
journée à Lisle où ils causèrent des affaires du roi, qui n'é-
taient pas en ce moment dans un état prospère. Puis, après
cette conférence, le prélat prit la route de Manosque pour aller
informer la reine des conclusions qu'on avait prises dans
l'intérêt de son fils. « 21 *août*, Je et Guillaume de Saignes,
» venismes au giste à Manosque, passant par Apt et tou-
» jours en douple des gens de Foisseran et de Raymond de
» Turenne; car passé la Durance avoit le capitaine nom-
» mé Le Friand..... »

23 *Août*. — Après avoir rendu compte à Marie de sa
mission, l'évêque revient encore à Avignon; mais, au lieu
de prendre la route d'Apt, pour se rendre plus tôt dans la
ville papale, il eut la bonne pensée de choisir celle des mon-
tagnes, afin de voyager avec plus de sécurité, loin de ces
bandes indisciplinées qui battaient les grands chemins pour
y dévaliser les passans : car, ce n'était pas seulement sur les
bords de la Durance que Raymond faisait sentir aux populations des campagnes le poids de sa colère; mais ses lieu-
tenans avaient ordre d'employer le fer et le feu contre
celles qui habitaient les paisibles rives du Caulon. — Cela
résulte de la note que nous allons transcrire : « Au jour
» plus haut mémoré, parce que les gens de messire Ray-
» mond, estoient descendus jusque aux portes d'Apt, je
» n'osé aller en Avignon par le droit chemin et vins au

» giste à Sault, par rudes sentiers : J'arrivé le lendemain
» au vespre dans ladite ville. » Là Marie lui fait savoir qu'un
détachement des troupes du vicomte, sous la conduite
de Foisseran, s'était répandue sur le territoire Aptésien, et
y avait commis de nombreuses pilleries. La note qui a trait
à ce sinistre, est ainsi formulée : « Ce jour 25 août, Madame
» m'escript par Jupiter le Chévaucheur, lequel dict que ceulx
» d'Apt avoient esté pillés de leur bestial et ce provient des
» gens de Foisseran. » Le prélat fut en effet bien inspiré
de ne pas passer par Apt en venant de Manosque : car
s'il avait pris la voie ordinaire pour aller à Avignon, on aurait pu lui faire un mauvais parti comme on le fit au cour-
rier de la reine, qui n'échappa au danger que grâce à la
rapidité de son cheval.

Il parait que la Reine ne resta pas longtemps à Manosque:
car nous la voyons, dès la fin de septembre, installée à
Pertuis, d'où elle suivait avec plus d'attention les ouvertu-
res que l'on avait faites aux membres influens de la ligue
d'Aix pour les amener à se soumettre à la maison d'Anjou,
et à terminer, par une heureuse pacification, les maux dont
la Provence était affligée. — Parmi les notabilités qui dans
cette circonstance prêtèrent à Marie de Blois un concours
aussi actif qu'éclairé, on doit distinguer et placer hors ligne
Guillaume évêque de Gênes, déjà venu à Apt plusieurs fois
auprès de la princesse, pour mettre à son service les rares
talens qui le rendaient propre aux négociations les plus
difficiles. Ne soyons pas surpris de l'intervention de ce prélat
italien dans les affaires de notre province : car, par l'effet du
schisme déplorable qui désolait l'Eglise de Dieu, deux titu-
laires se croyaient en droit d'occuper le siège de Gênes, au-

que l'affaire resta assez de temps sur le tapis pour forcer Marie à prolonger son séjour à Pertuis dans la proximité du siége central de la ligue. Ainsi, il est naturel de penser que tant que les choses demeurèrent en suspens, les hostilités durent se renouveller entre les troupes de Raymond et celles de sa souveraine. Au reste, les détails nous manquent ici sur la date précise, comme sur la forme même de la pacification après laquelle aspiraient tous les ordres de la province : d'autant qu'il y a lacune dans le journal du chancelier d'Anjou, ce prélat ayant été obligé de faire un voyage en France de plusieurs mois, pour les affaires du roi son maître, et pour celles de son diocèse, qui exigeaient une prompte solution.

Nous ne le suivrons pas dans ce voyage, parce que ce serait nous écarter de notre sujet ; mais nous dirons ici en passant qu'il rendit avant de partir, le sceau royal à Marie, et nota cette circonstance de la manière suivante : « 1er oc-
» tobre, je rendis à Madame son scéel, présents Pierre Payen
» jurisconsulte et Olivier de Soliers : et elle le mit en son
» coffret garni de nacre et pris congé d'elle, du roy Loys
» et des aultres et puis partis de Pertus. » A son retour l'affaire de la pacification n'était point encore terminée, quoiqu'elle allât assez bon train, grâce au zèle et à la dextérité des négociateurs chargés de la conclure. Ceux-ci, en effet, ne restèrent pas longtemps à s'entendre sur les clauses du traité, et cet évènement heureux porta la joie dans tous les cœurs qu'animait le double amour de la patrie et du bien public. Car, après les mauvais jours qu'avait traversés la Provence, il est facile d'imaginer combien il fut doux de prévoir qu'enivrée de sang et rassasiée de funé-

railles, la terrible épée ne tarderait pas enfin à rentrer dans le fourreau; qu'une métamorphose fortunée transformerait bientôt l'armure des camps ennemis en d'utiles instrumens de labourage; et que, dans le silence des armes chacun, pour parler le langage touchant de l'écriture, chacun, assis à l'ombre de sa vigne et de son figuier, y trouverait les charmes d'un repos gracieux et durable.

Dès ce moment, nous voyons Raymond rentré, au moins en apparence, dans les bonnes grâces de la princesse, qui lui rendit son amitié et le rétablit dans les titres et dignités dont il avait été dépouillé pour crime de rébellion et de félonie. A l'appui de son énoncé sur ce revirement de fortune, Baluze rapporte que le vicomte, admis désormais parmi les conseillers-titulaires de la Reine-mère, avait assisté en cette qualité à la prestation de foi et hommage que fit à Villeneuve-lès-Avignon, entre les mains de cette princesse, vers la fin de 1387, le comte d'Ariano, baron d'Ansouis, successeur de S. Elzéar de Sabran, pour les terres qu'il possédait en Provence. Cet écrivain croit devoir remarquer que cette formalité féodale fut accomplie par le noble seigneur dans la forme usitée à l'égard des tenans-fiefs de ce pays. Peu auparavant, Marie avait restitué à son nouveau conseiller, les deux châteaux-forts dont les prolongemens, comme deux bras de géans, enlaçaient Pertuis et le protégeaient contre les attaques du dehors : châteaux que la princesse, au dire du même Baluze, avait eus par voie de confiscation, ou peut-être aussi par voie de cession ou d'échange. On sait que, quant à la seigneurie de cette ville, elle en avait déjà disposé en faveur du maréchal de Boucicaut, gendre de Raymond de Turenne. Voilà pourquoi, dans l'acte de res-

alors à l'ordre du jour dans la cour de Pertuis, comme dans les cercles de la ligue ; car nous lisons, dans le journal de l'évêque de Chartres, que la mère de Louis II, aussitôt après la démarche officieuse du duc de Bourbon envoya à Meyrargues le comte de Sault, son grand chambellan, pour porter à la vicomtesse les paroles d'estime et d'amitié dont il avait été chargé pour elle.

Cependant, cet acte de généreuse initiative que venait d'accomplir la princesse à l'égard de Marie de Bologne, pour lui faciliter les moyens d'un prompt retour aux principes de la légitimité politique, n'enchaîna pas entièrement l'humeur belliqueuse de son époux ; car, après cette espèce d'accommodement, nous voyons que la cour de Pertuis n'était pas moins obligée de se tenir en garde contre les coups de main de Raymond de Turenne et de prendre vis-à-vis de lui les plus minutieuses précautions. Cela résulte de quelques particularités que nous fournit le journal de notre prélat et dont nous donnons ici le curieux résumé dans l'intérêt de notre histoire locale.

2 Juin 1387, arrivent à Pertuis messire Pierre de Dreux et Oliviers, de Soliers, venant de Barcelonne, où ils avaient été envoyés pour traiter du mariage entre Louis II et la fille du roi d'Aragon, nommée Yolande. — Le 3, messire Pierre du Bueil passe la Durance avec une partie des troupes de la reine, et va faire halte au Puy-Ste-Réparade. — Le 4, il revient à Pertuis, et après diner lui et le comte chambellan avec le sire de Cuers et les gens de Groullet et autres gens d'armes, passent ladite rivière et le roi était sur la grève pour jouir du plaisir de les voir *transborder* d'une rive à

l'autre. — Le 7, qui était le jour de la Fête-Dieu, le vicomte de Turenne n'ayant pu contrarier le passage, se tint en observation pour courir sur les trainards. « Messire Ray-
» mond, dit Jean Lefèvre, au jour qui fut feste du Sainct-
» Sacrement partit avec 40 lances de son castel de Meyrar-
» gues pour aller après les aultres gens de Madame. — Le 8,
» Aligot arriva d'Aix et écrivirent par lui les gens de Ma-
» dame que lendemain viendroient à Pertus. — Que tout
» estoit accompli en Aix et demandoient que Madame leur
» envoyast gens d'armes pour les convoyer et leur prêter
» appuy en cas d'attaque de la part de ce mauldit viscomte :
» mais Madame n'en avoit aulcuns : toutefois elle envoya gens
» de son hostel, et moy j'y envoyé Loys et Jéhan Guyot bien
» armés des armures que Barras mon hoste leur presta. »
Il est visible, par là, que les paroles de courtoisie échangées entre la reine et Marie de Bologne, par l'intermédiaire du comte de Sault, avaient peu modifié les dispositions de Raymond : car, de son côté du moins, le thermomètre politique était toujours à la guerre, mais guerre faiblement conduite sous l'influence des idées pacifiques qui gagnaient partout du terrain.

Sans doute on demeure surpris d'un pareil état de choses, et cette surprise augmente encore après la déclaration expresse des plénipotentiaires royaux qui écrivaient à Pertuis, que tout était accompli à Aix et qu'ainsi leur mission avait atteint son terme. Cependant, il est possible de délier le nœud de cette difficulté, en supposant qu'on avait, il est vrai, conclu les préliminaires de la paix, mais qu'on était en désaccord sur les clauses du traité qu'il fallait signer ensuite. Les débats sur ce dernier point trainèrent si fort en longueur,

quel ils avaient été nommés simultanément, l'un par le Pape de Rome et l'autre par celui d'Avignon. Comme le premier avait obtenu, par le crédit de sa famille, l'agrément du chef suprême de la république, son concurrent, forcé de se retirer en Provence, s'attacha à la mère de Louis II, et travailla fortement à lui faire des partisans dans le sein même de la ligue, dont il connaissait les meneurs.

Au reste la preuve que Marie se trouvait à Pertuis à l'époque que nous venons de nommer, se déduit de la note suivante, écrite par le chancelier d'Anjou en partant d'Avignon : « 2 octobre. — Moi et Angéluce venismes au giste
» d'Apt. — Jeudi tout le jour je démouré en cette ville parce
» que je ne savois pas quel logis j'avois à Pertus. — Lors
» vint ici un messager de Venyse, qui avoit été auprès de
» Madame et par luy elle escript au doge de la République.—
» Vendredi, arrivasmes à Pertus moi et Angéluce : et après
» disner La Caille (prévôt d'Aix) et Arnaudin prophane
» (épithète pour le désigner comme étant du parti de la
» ligue) vinrent d'Aix et firent que Madame escript à mes-
» sire George de Marle que il vint à Pertus pour traiter
» comme auparavant. » Il est facile de comprendre que ce dernier personnage était mandé par Marie, en vue des préliminaires de la paix qui se négociait entre Louis II et la ligue, disposée cette fois à entrer dans les voies d'un arrangement définitif, dont tout le monde en Provence éprouvait le besoin.

C'est en se plaçant au point de vue de Pertuis que l'on voit apparaitre sur la scène politique, une noble dame, Marie de Bologne, femme de Raymond de Turenne, dont le cœur paitri à l'antique, partageait les antipathies papales et royales de son époux. — Depuis qu'elle eut embrassé le parti de la ligue, elle ne négligea aucune occasion de susciter de graves embarras à Marie de Blois. Car les femmes, quand elles s'en veulent, trouvent mieux que les hommes dans les ressources inépuisables d'un esprit raffiné, les moyens de mulcter les objets de leur haine. Ici, nous la voyons faisant transporter à Aix du blé et des denrées pour la subsistance du peuple, afin de le mettre plus facilement en mesure de résister à une armée ennemie. Là, nous la surprenons à faire retenir de force, et conduire à Meyrargues les députés de Tarascon qui se rendaient auprès des officiers de la princesse, pour lui donner l'assurance que leur cité s'était enfin résolue d'embrasser la cause de son fils. — Mais le zèle anti-royaliste de la noble dame trouva bientôt un point d'arrêt qu'elle se crut obligée de respecter. — Le duc de Bourbon en effet, qui depuis peu était revenu d'Espagne, trouva mauvais qu'elle nourrit des pensées d'hostilité contre une reine patronnée par la cour de France. C'est pourquoi il lui écrivit d'Avignon pour blâmer sa conduite et l'inviter à faire sa soumission si elle ne voulait pas perdre tout crédit auprès de Charles VI. Touchée de ce procédé du prince, qui laissait voir à son égard sous les formes sévères de la censure, un sentiment profond de bienveillance, la vicomtesse de Turenne répondit qu'elle était disposée à faire ce qu'il voulait : mais qu'auparavant elle désirait que son Altesse prit connaissance de son différend avec la reine, où les torts n'étaient pas de son côté. Nous ignorons si un heureux accord se rétablit entre Marie et sa vassale sous les auspices du prince français : mais il est probable, au dire de Baluze, qu'il prépara les voies à la pacification générale, qui était

titution, mention est faite des uns et non de l'autre.

Cette paix, qui dans la réalité n'était qu'une trêve, ne fut pas de longue durée; mais enfin elle ne laissa pas que de porter quelques fruits. D'abord la reine se vit maîtresse de la Provence et put aller avec son fils visiter les villes d'outre-Durance qui, auparavant, lui étaient interdites, parce qu'elles avaient tenu jusqu'ici pour Ladislas fils de Charles de Duras, que les Napolitains mirent sur le trône après la mort tragique de son père. Puis, le Pape profita de ce moment de répit pour faire porter des paroles de conciliation à Raymond, à ce rude guerroyeur que ni la peste, ni les foudres de l'Eglise, ni les attaques vigoureuses de ceux qui la défendaient n'avaient pu contraindre à mettre bas les armes. Par ses ordres, l'archevêque de Rouen et George de Marle, que la reine venait d'élever à la dignité de sénéchal de Provence, s'abouchèrent avec lui, dans sa belle résidence de S. Rémi. Mais ils ne purent faire entendre raison à ce cœur altier, qui ne respirait que la guerre et ne connaissait d'autre plaisir que celui de la vengeance

Cependant, encouragé par le conseil de ses cardinaux, Clément résolut de lui envoyer un des premiers dignitaires de sa cour, le Cardinal Hugues de S. Martial, pour tâcher, en le calmant, de l'amener en de meilleures dispositions envers la sainte Eglise, de laquelle sa famille avait reçu tant de bienfaits. — S'il est permis aux enfans de louer leur mère, aux citoyens de donner du relief à leur patrie, nous dirons ici, de la ville d'Apt, qui est la notre à quelques égards, qu'elle jouissait des bonnes grâces de ce cardinal, et que ses habitans, ainsi que ceux de son bailliage trouvèrent en lui un zélé défenseur de leurs intérêts auprès de la

Cour romaine. Aussi à sa mort eût-il l'honneur d'y être illustré en chaire par une oraison funèbre que l'évêque prononça, dans la pompe de ses funérailles, au milieu d'un grand concours de citoyens (1). Arrivé à Meyrargues, l'envoyé pontifical sut si bien s'emparer de l'esprit de Raymond, qu'il le décida, chose étonnante! à venir à Avignon, auprès du Pape, sous la garantie d'un sauf-conduit qui lui assurait la plus absolue inviolabilité.

Ici, bien des lecteurs auront de la peine à comprendre comment Raymond s'était décidé à une pareille démarche sur les prières même du cardinal, en qui il avait confiance. En vérité, nous avons de la peine à le comprendre nous-même, vu l'état d'hostilité flagrante qui existait entre lui et la Cour romaine peu disposée, surtout en temps de schisme, à se montrer généreuse envers ses ennemis. Mais Clément s'était lié à son égard, par un serment solennel, et en fait de serment l'esprit du siècle n'était pas alors ce qu'il est de nos jours. Un acte de cette nature avait sa signification et un sauf-conduit sa valeur, dont la politique était obligée de tenir compte. Aujourd'hui, on ne fait que peu de cas d'un serment. Il est déplorable de voir un acte de religion si grave et si sacré, traité par le grand nombre des hommes, comme une pure formalité. On hésiterait sans doute après une parole d'honneur donnée, et l'on se croit libre de toute promesse après un serment prêté sans contrainte, non par nécessité, mais par ambition. — C'est parce que Raymond avait foi en la religion du serment, que vaincu par les instances de l'envoyé du Saint-Siège, il se décida à

---

(1) Comptes du trésorier de la commune d'Apt, résumés par le prieur de Lioux.

nouvelle guerre, que Raymond alluma dans les pays nouvellement placés sous le sceptre de Louis II, et qu'il poursuivit avec plus de vigueur qu'auparavant. Profitant des divisions intestines qui les travaillaient, car le calme n'y existait qu'à la surface, le fougueux vicomte incendia, tua, viola, profana, brûla encore ; des prisonniers gentilshommes furent, par ses ordres, précipités du haut de son château des Baux. Quand on lit le récit de ses atrocités, il vous vient dans l'esprit le souvenir de celles du terrible Baron-des-Adrets : et on sent de suite qu'ils appartiennent l'un et l'autre à ce genre de héros ravageurs de provinces, dont on trouve de si nombreuses copies dans les histoires du moyen-âge. Effrayés de cette subite levée de boucliers, qui n'avait d'autre but que de fournir une vaine pâture aux instincts grossiers de soldats indisciplinés, au préjudice de la paix publique, les États-Généraux, assemblés au mois de décembre de l'année plus haut mentionnée, eurent à s'occuper des moyens de la rétablir, au prix même des plus grands sacrifices. Pour y parvenir, on forma un corps de gens d'armes, aux gages de 15 florins, par mois, pour chaque lance ; on vota un impôt de 70 mille florins, comme moyen de subvenir aux frais de la guerre, et on divisa les troupes en quatre corps, sous les ordres de quatre commandans particuliers qui eurent chacun son département spécial. Mais ces mesures, excellentes en elles-mêmes, devaient bientôt être frappées d'impuissance devant un ennemi insaisissable qui, comme l'Antée de la fable, devenait plus fort lorsqu'il était plus près de sa chute. Marie eut beau déclarer à Tarascon, Raymond criminel de lèze-majesté, confisquer ses biens, mettre sa tête à prix, et ordonner à tous ses sujets de lui courir sus. Le successeur de Clément VII à Avignon eut beau, de son côté, lancer contre lui les foudres de l'Eglise et accumuler dans ses bulles les impropères de tous les genres qui abondent dans le vocabulaire de la chancellerie romaine ; les menaces de Marie et celles de Benoît XIII, ne firent qu'exaspérer davantage cet homme, à qui il fallait l'émotion perpétuelle de la bataille et du meurtre. Arles, Tarascon, se répentirent des mesures prises à l'encontre de ce démon du midi : Arles surtout, qui af- affaiblie, ruinée, meurtrie par Raymond, se vit contrainte, encore une fois de demander grâce, moyennant un tribut de quinze salmées de froment et de cinquante écus d'or par mois.

L'impôt de 70,000 francs continuait d'être perçu ; le Pape et les cardinaux furent suppliés d'y contribuer. Mais cet impôt présentait dans son recouvrement de grandes difficultés ; de plus on forma une armée de 300 lances de trois chevaux chacune, savoir, lance, page et gros valet : et de treize cents hommes d'infanterie, parmi lesquels il devait y avoir quatre cents arbalétriers, sans compter les troupes que Marseille, Arles et Tarascon s'étaient engagées à fournir. Hélion de Villeneuve fut élu maréchal, aux gages de 50 florins par mois. En outre, comme on n'était pas même rassuré par tout ce déploiement de forces, on envoya en députation, à Paris, l'évêque de Sisteron, Jean-Louis de Sabran, seigneur de Cereste, Guigonnet de Jarente, seigneur de Monclar et maître Louis Botaric, licencié en droit, pour aller demander des secours au roi de France et à Marie de Blois, qui alors se trouvait dans cette capitale. Guigues de Flotte et Jean Gras, eurent ordre d'aller

saisissable aux yeux de l'esprit. — Les dates, comme on sait, tombent dans le domaine de la chronologie, qui est chargée de les conserver pour chaque fait essentiel dont l'homme a besoin de garder le souvenir ; d'un autre côté, les sciences humaines étant incomplètes, parce qu'elles sont indéfiniment perfectibles, il n'est pas étonnant que l'on trouve de fâcheuses lacunes en cette science, lacunes qui deviennent le tourment des historiens obligés à débrouiller le cahos d'une époque. Ainsi, par exemple, la paix de Clément VII, dont nous venons de parler, cette paix, niée par les uns et admise par les autres, à quelle date faut-il l'attacher ? (1) C'est une question qu'il n'est pas facile de résoudre avec le peu de données que nous fournit l'histoire locale. S'il est permis cependant de se contenter d'un à-peu-près, quand la certitude nous échappe, nous dirons que le voyage du cardinal de S. Martial à Meyrargues paraît devoir être fixé vers l'année 1390. D'où il suit que la paix de Clément VII ne doit guère s'éloigner de cette date qui, pour être hypothétique, ne laisse pas d'avoir en sa faveur divers motifs de crédibilité. — Ainsi, en l'admettant, il est loisible de conclure qu'Avignon et le Comtat vénaissain, avec la partie de la Provence qui les avoisine, durent jouir, par l'effet de cette heureuse transaction, de quelques années de repos, jusqu'à la mort de ce Pape, arrivée en 1394.

C'est, en effet, durant cet intervalle, trop court au gré des

---

(1) Vid. Fantoni. — Istoria d'Avignone, t. 2. Article de Raymond de Turenne. — Les deux dates assignées par cet écrivain, fort estimable d'ailleurs, au commencement et à la fin de la guerre contre Clément VII, sont aussi arbitraires l'une que l'autre.

populations de ces malheureux pays, qu'on le voit s'éteindre, déchiré des remords causés par le schisme qu'il avait allumé dans l'Eglise, en se posant l'antagoniste du Pontife de Rome. Lorsqu'il sentit approcher sa dernière heure, il dit avec une simplicité touchante, qui prouve qu'il avait toujours plus compté sur la miséricorde de Dieu que sur la justice de sa cause : « Ah! beau sire Dieu, je te prie que
» tu ayes mercy de mon âme et me veuilles pardonner mes
» péchés. — Et toi, très-douce mère de Dieu, je te prie
» que tu me veuilles ayder envers ton benoit fils Notre-
» Seigneur. — Et vous tous les benoits saints du Paradis,
» je vous supplie que vous veuilliez ayder à mon âme ce-
» jourd'hui. Ah! ah! Luxembourg, je te prie que tu me
» veuilles ayder (1). » Ce Luxembourg était le cardinal Pierre du titre de S. George au voile d'or, mort récemment à Avignon en odeur de sainteté, auquel il adressa, durant sa maladie, les plus ferventes prières, dans le but de conjurer les maux que l'Eglise aurait encore à souffrir sous le règne de son successeur. Car ses pressentimens et sa pénétration les lui firent envisager dans toute leur étendue « avec ce coup-d'œil perçant des mourants, dit un
» grand prélat (2), qui, sur le bord de la tombe, semblent
» lire de plus près dans les ténèbres de l'avenir : comme si
» la nuit des temps, ajoute-t-il, s'éclairait d'avance à leur
» vue, par le brillant crépuscule de cette éternité dans la-
» quelle ils vont entrer. »

Cette mort, qui par malheur n'arrêta pas le cours des calamités dont l'Eglise était affligée, devint le prétexte d'une

---

(1) Papon, Histoire de Provence, t. 3.
(2) Le cardinal Maury, Essais sur l'éloquence de la Chaire, t. 2

aller à Avignon pour y écouter les propositions de paix qui lui seraient faites. Sans cette croyance, qui était celle de tous les hommes honorables de son temps, il ne se serait pas déterminé à une démarche qu'on taxerait à cette heure d'imprudence, et dont il aurait de la peine à se faire absoudre dans le monde officiel.

Nous ne connaissons pas les circonstances de l'entrevue qu'eurent ensemble, dans le palais apostolique d'Avignon, Raymond de Turenne et Clément VII, ni les questions qui y furent traitées. Mais nous savons qu'au lieu de faire appel à l'excommunication ou aux autres moyens d'intimidation que la Cour romaine met en jeu contre les contempteurs de son autorité, on parla d'argent, de ce mobile puissant de la convoitise humaine, sans lequel nulle entreprise de grandeur et de gloire ne peut être ici-bas poursuivie avec succès. Grâce à cet argument, qui fait toujours impression sur les cœurs plus épris des joies de la terre que de celles du ciel, Raymond de Turenne consentit à déposer les armes et Clément obtint la paix que son fougueux adversaire daigna conclure avec lui.

Ce Pape épuisa en cette occasion les sommes qu'il avait réunies dans son épargne, sommes, d'ailleurs, qui ne devaient pas être fort considérables, à raison des lourdes charges qui pesaient sur son gouvernement. Mais, outre l'avantage immédiat de la paix qu'il se procurait par ce moyen, une autre puissante considération se présenta à son esprit, peut-être la plus décisive de toutes : c'est que dans toute administration temporelle, il est des crises fâcheuses et violentes où les sacrifices deviennent légitimes et indispensables aux yeux d'une politique sage et chrétienne, la seule qu'il soit permis d'écouter. — Quiconque, de notre point de vue, voudra bien rapprocher sérieusement de l'ensemble des circonstances au milieu desquelles elle se trouvait alors, la nouvelle charge que la Cour romaine d'Avignon fut forcée de s'imposer au profit de son ennemi implacable, sans élever la voix contre ce qu'elle fit, la plaindra à coup-sûr, d'avoir été dans l'impuissance de faire mieux.

Tantôt nous nous sommes plaints d'une solution de continuité dans la longue série des faits plus ou moins importans, relatifs à Raymond de Turenne, et cela, parce que le journal de l'évêque de Chartres nous ayant fait défaut un moment, il ne nous avait plus été possible de continuer nos emprunts. Maintenant, ce ne sont pas les faits qui nous manquent, mais les dates qui servent à les fixer dans un point de la durée, condition non moins essentielle à remplir pour la lucidité du récit historique que celle qui a pour but de les fixer dans un lieu déterminé de l'espace. Voilà pourquoi, nous avons dit plus haut que l'histoire du personnage qui est l'objet de cette étude, est pleine d'obscurité, non-seulement à cause de certains évènemens encore aujourd'hui controversés dont cette histoire abonde, mais aussi à raison de la difficulté où l'on se trouve de pouvoir les localiser convenablement : car rien ne peut exister dans le monde, au moins au point de vue de la réalité, que sous la double condition du temps et de l'espace, à laquelle sont soumis les évènemens, comme les choses sorties de la main de Dieu. — C'est en vertu de ce principe, que l'on admet à l'égal d'un axiome cette formule : Que la géographie et la chronologie sont les deux yeux de l'histoire qui a pour mission de refaire le passé, et de le rendre

à Marseille, pour s'y concerter avec les habitans, sur le plan de campagne qu'il fallait suivre et sur les points stratégiques qu'il fallait fortifier. — De ces lances plus haut mentionnées, on forma dix détachemens, commandés chacun par un gentilhomme pris dans les rangs de la noblesse feudataire, où se trouvaient alors réunies les conditions de bravoure et de capacité qu'exige le métier difficile des armes

Quand on eut pris ces mesures, l'investissement des châteaux que possédait Raymond, commença avec un entrain qui faisait bien augurer du succès. D'abord, il fut décidé en conseil de guerre, que toutes les places que l'on ne pourrait conserver, seraient rasées ou du moins démantelées, au point de les rendre inutiles à l'ennemi. Cependant on voulut épuiser toutes les voies de conciliation ; mais Réforciat d'Agoult, ayant échoué dans la tentative qu'il fit auprès de la vicomtesse de Turenne, pour l'amener à se prêter à un accommodement, on fit agir la force, qui est la dernière raison des peuples et des rois. Alors d'obscurs villages, ou pour mieux dire les forts qui les défendaient, eurent l'honneur d'un siége en règle, que la légende populaire a orné plus tard des couleurs de la poésie ; ici, en mettant en relief quelque personnalité particulière, qu'elle agrandissait outre mesure ; là, en introduisant des faits singuliers, qu'elle présentait hardiment, non comme le produit de simples lois de la nature, mais comme celui d'agens mystérieux placés sous la main immédiate de la Providence. Car, chez les peuples du midi surtout, l'imagination est plus souvent mise en jeu que la raison pure : et tandis que celle-ci envisage froidement les choses, pour les décrire ou les analyser, l'autre est comme un moule, où dépouillant leur caractère positif, elles prennent de nouvelles formes, qui laissent éclater le merveilleux; cette vive image de l'idéal divin, aperçu par l'esprit à travers le voile épais des phénomènes, et auquel il tend, sans en avoir conscience, de tout le poids de sa volonté. Est-ce un bien, est-ce un mal que cette faculté brillante, mais mobile, qui tient plus de la sensibilité que de l'entendement, vienne imposer à l'écrivain son concours dans les récits purement historiques? Ce sera l'un, si ce concours est retenu dans de justes limites ; ce sera l'autre, s'il doit fournir des armes pour combattre ce qui mérite nos respects. Mais laissons là cette métaphysique, et hâtons-nous de dire que Pertuis, Meyrargues, le château des Baux, virent se dessiner autour de leur enceinte bastionnée, sous des chefs animés du plus pur patriotisme, les troupes des vigueries, non-moins désireuses que le pays d'en finir avec l'anarchie par quelque coup décisif. Seulement il nous faut remarquer, que de toutes ces places, Pertuis seul capitula après dix-huit jours d'un siége conduit selon les règles de l'art, tel qu'on le connaissait alors.

Pendant tout ce temps, les seigneurs du Rouergue rassemblaient leurs hommes pour secourir Raymond, et si le sénéchal de Beaucaire, d'après les ordres du roi de France ne leur eût barré le passage du Rhône, ils auraient opéré leur jonction avec les bandes qui infestaient Arles et le Comtat Venaissin. Ainsi, grâce à l'heureux concours de ce haut dignitaire, la Provence fut sauvée d'un danger dont l'appréhension seule avait suffi pour jeter l'effroi dans les esprits. Alors des châteaux se rendirent, la disette en désola d'autres, forcés par cela-même de faire aussi leur soumission, et le vicomte coutrarié dans son plan de campagne, consentit à faire la paix. Le maréchal de Boucicaut, chargé dans cette circonstance de l'office de médiateur, s'engagea à faire mettre, à quelque prix que ce fût, sous l'obéissance de la reine Marie, les Baux, Roquemartine, et d'autres places qui tenaient encore pour Raymond de Turenne. De plus, il promit de délivrer la province de la présence des troupes étrangères qui la dévoraient, de les faire partir pour l'Afrique, de s'opposer à l'entrée dans le pays, des compagnies levées par le vicomte dans le Languedoc, de donner les châteaux de Boulbon, d'Aramon et de Valabrègue à des seigneurs agréables à Louis II, et enfin, de soutenir lui-même la cause de ce prince si fatalement compromise dans le royaume de Naples. Le traité fut conclu à Marseille le 7 juillet 1399. Les témoins étaient : Isnard de Glandevès,— Louis de Sabran, — Bertrand d'Agoult, — François d'Arcussia, — Réforciat de Castellane, — Bertrand de Grasse. — Guigonnet de Jarente, — Jean de Pontevès, — Luc de Grimaldi, — Pons de Cays et plusieurs autres gentilshommes de la noblesse titrée.

Mais le vicomte, malgré ce traité si solennel, ne put se condamner à une inaction contraire à son humeur inquiète et turbulente. C'est qu'il était, selon la pensée d'un de nos orateurs sacrés (1), de la famille de ces esprits vastes, mais tracassiers, « capables de tout soutenir, hors le repos, qui » tournent sans cesse autour du pivot même qui les atta- » che, et qui, semblables à Samson, sans être animés de » son esprit, aiment mieux ébranler l'édifice et être écrasés

---

(1) Massillon.

» sous ses ruines que de ne pas s'agiter et faire usage de
» leurs talens et de leur force. » En effet, nous le voyons
en 1401 faire encore, d'après des témoignages authentiques,
des dégâts considérables dans le voisinage d'Arles et de
Tarascon qui, à raison des nombreuses dévastations que
ces villes avaient déjà essuyées de sa part, durent cette fois
le regarder comme incorrigible et digne d'être mis au ban
des nations policées, à titre de *coutumier du fait*.

Peu de temps après, mais toujours en l'année précitée,
Raymond se voyant poursuivi par Charles du Maine, frère
de Louis II, et voulant s'élancer sur un bateau pour échapper à la pointe de son épée, tomba dans le Rhône et s'y
noya, entraîné par la rapidité du courant. On assure que
son corps, retiré du fleuve, aurait été déposé dans l'église
abbatiale de Saint-Martial d'Avignon, en considération de
l'amitié qui avait existé jadis entre le vicomte et le cardinal
de ce nom. Cette dernière circonstance relative à sa sépulture, n'est encore qu'une présomption acceptée de confiance
par les érudits sans y regarder de trop près. Car, malgré
le fracas qu'il a fait autour de lui pour se donner l'éclat
d'un prestige de mauvais aloi, il a inspiré si peu d'intérêt à
l'histoire, en a obtenu si peu d'attention, qu'aucun dictionnaire historique, aucun nécrologe Vauclusien, que nous
sachions, n'indique ni le lieu de sa naissance, ni celui de sa
mort. Tant est grande l'insouciance du public pour ces
hommes audacieux et remuans, qui brouillent tout dans le
monde, plutôt pour le vain bruit de la renommée, que pour
les avantages de la véritable gloire que l'on acquiert par de
solides vertus.

Telle fut la fin, la triste fin de Raymond de Turenne, de

ce fanatique artisan de discordes civiles, dont les funestes exploits coûtèrent la vie à tant de citoyens et faillirent mettre notre belle province à deux doigts de sa perte. Sur un champ de bataille, il aurait sans doute déployé les qualités brillantes d'un héros ; mais dans l'obscure guerre de clocher qu'il faisait aux paisibles populations des campagnes, il a mérité, comme le roi des Huns, le titre maudit de fléau de Dieu. La seule différence qu'on pourrait remarquer, entre son devancier et lui, c'est que l'un était né dans le Nord, et procédait en grand, au lieu que l'autre était né dans le Midi, et mesurait son action aux degrés d'une petite échelle. Attila, en effet, ravagea des royaumes et des empires à l'aide de Barbares entièrement privés des lumières de l'Evangile : Raymond, au contraire, à l'aide de chrétiens qui les avaient éteintes dans leurs cœurs, promena le feu de sa colère dans une seule province dont il ne franchit point les limites. A part cette différence qui ne varie de l'un à l'autre que du plus au moins, on aperçoit entr'eux plusieurs traits de ressemblance qui les rangent dans la catégorie de ces hommes extraordinaires dont Dieu se sert pour châtier les peuples et faire éclater le mérite de ses saints ; car il ne faut pas douter que ce grand Dieu, comme proviseur universel de l'ordre moral, n'intervienne d'une manière sensible, dans les affaires des nations, quand il veut les ramener par voie d'intimidation aux vrais principes dont la violation entraîne pour elles les plus déplorables conséquences.

Ainsi, à l'égard de la dernière condition qui regarde les saints, le plus ancien de ces impitoyables guerroyeurs, sent adoucir son humeur altière, sous le prestige de la majesté qui reluisait en la personne du Pontife de Rome, tandis que l'autre sent la sienne se calmer sous la parole onctueuse de l'envoyé du Pape Avignonais. Ainsi encore, la vierge de Nanterre sauve, par ses prières, la ville de Paris, prête à succomber sous les coups de la colère implacable du premier, tandis que la noble et sainte épouse du comte d'Ariano, préserve d'une subversion totale, plusieurs de nos villages que le second se mettait en mesure de prendre d'assaut et de livrer à la férocité de ses soldats (1).

Mais laissons aux rhéteurs le soin de poursuivre ces rapprochemens, d'autant plus dignes d'attention, qu'ils appartiennent à un genre fort distingué de doctrine, dont la mise en œuvre fournit de puissans moyens d'émotion à l'art oratoire. Comme en ce moment, il est moins question de ce qui touche à ce bel art, que de ce qui intéresse la moralité de l'histoire, voici venir à la place des pompeuses figures dont les maîtres de la chaire et de la tribune aiment à orner leurs discours, voici venir les austères réfléxions qu'inspirait à un écrivain du xviie siècle l'état déplorable d'une grande partie de la chrétienté, vers la fin du xive.

« Admirons ici, dit-il, les voies profondes de la Providence,
» si différentes de celles des mortels. Autrefois elle em-
» ployait des Barbares pour exercer sur les peuples ses
» justes vengeances : mais maintenant les peuples civilisés
» sont devenus plus dignes que les Barbares de ce redou-
» table ministère. Elle n'a pas besoin d'appeler de fort loin
» des hommes aux féroces instincts pour être en sa main
» la verge dont il châtie ses enfants lorsqu'ils s'écartent des

---

(1) Rémerville.—Hist. ms. de S. Elzéar de Sabran, petit vol. in-folio.

» droits sentiers de la morale évangélique. Comme la plu-
» part sont des enfants rebelles et indociles, ils méritent
» presque tous de servir d'instrument à sa justice et d'être
» employés à se punir les uns les autres d'une manière
» proportionnée à leurs iniquités (1). »

Nous ne saurions mieux terminer cette étude qu'en plaçant à la suite des judicieuses réflxions qu'on vient de lire, quelques-unes des pensées dont l'auteur de la vie de Clément VII a couronné son travail (2). — Le point de vue de cet écrivain étant exclusivement clérical, rien d'étonnant qu'il se soit attaché de préférence à exposer les torts de Raymond de Turenne envers la Papauté Avignonaise, plutôt que ceux qu'on lui reproche envers la maison d'Anjou. D'abord, à son début, il allègue comme quoi Clément se vit forcé d'ouvrir une procédure canonique contre le vicomte, à raison de la guerre sacrilège qu'il faisait à l'Eglise : procédure à laquelle il ne s'était prêté qu'à contre-cœur et qu'après avoir épuisé tous les délais qu'il est d'usage d'accorder aux pécheurs pour leur donner le temps de venir à résipiscence. Puis il s'applique à faire ressortir tout ce qu'il y a eu d'énormité dans sa conduite, si peu digne d'un chevalier chrétien, introduit pour ainsi-dire dans le monde, sous les ailes de la Papauté. « Car, ce qui le rend plus criminel encore, dit-il, c'est qu'il était l'allié de Clément en un degré très-rapproché et qu'il avait reconnu dans maintes occasions la légitimité de ce Pape, ainsi qu'en font foi plus de vingt actes authentiques, tous arrivés au grand jour de la

(1) Racine.—*Hist. de l'Église*, xiv° siècle.
(2) Baluze— *Vitæ Paparum Avenion.*, t. I, in-4.

publicité. Dans ces conditions, il était naturel qu'il respectât l'Eglise et qu'il évitât ce qui aurait pu faire soupçonner dans son cœur des pensées de malveillance contre elle. Mais loin de là, livré à son sens réprouvé et oublieux des bienfaits qu'il avait reçus de sa part, il n'a pas craint de lever l'étendard de la révolte contre cette bonne mère, qui en lui reprochant sa noire ingratitude, aurait pu emprunter cette parole du Prophète : *J'ai nourri et élevé des fils, mais les ingrats m'ont accablé de leurs mépris.* »

Les détails qui suivent vont nous expliquer comment la maison de Turenne était l'obligée de la Papauté, soit sous le rapport de la fortune, soit sous celui de l'éclat dont elle jouissait dans le monde : chose d'ailleurs facile à comprendre, pour quiconque sait que deux Papes de cette maison ont glorieusement siégé à Avignon. « J'ai avancé, dit-il, que l'Eglise romaine a été plus que mère à l'égard de Raymond : car il fut nourri et élevé dans son sein, comme l'est un enfant par celle qui l'a mis au jour : et cette faveur, il l'a obtenue par le canal de Clément VI, dont il était petit-neveu, qui tira sa maison de l'obscurité où elle était à l'époque de sa promotion, en la faisant riche et en la rendant capable de contracter de nobles alliances avec les premières familles du royaume. Sans doute Raymond connaissait l'origine de sa famille, et devait-il après cela, se mettre en hostilité avec l'Eglise, à laquelle tout le monde sait qu'elle doit son principal lustre ? Mais, fils ingrat et privé de la mémoire du cœur, au lieu de faire éclater sa reconnaissance, il a mieux aimé agir comme les vipères, dont le triste instinct est de déchirer le sein qui les a nourries et de lui donner la mort en échange de la vie qu'elles en ont reçue. C'est en imitant leur exemple qu'il n'a pas craint de s'attaquer à cette même Eglise, dans la personne de son chef auguste, toujours digne de nos respects, encore que nous eussions à nous en plaindre pour quelques griefs de médiocre importance, Car, ce prétexte serait-il pour nous un motif suffisant de le molester alors surtout que son gouvernement se verrait en proie aux calamités d'un schisme désastreux ? »

Ici, notre écrivain abandonnant le terrain trop rétréci du particularisme, s'élève à des considérations générales qui, pour être exprimées dans une forme sévèrement ornée, la seule qui convienne au langage d'un homme d'église, renferment néanmoins un haut enseignement social dont les dignitaires de la hiérarchie cléricale pouvaient autrefois faire leur profit. « Je pense, dit-il, que Dieu permet que cela arrive afin que tous comprennent qu'il désavoue les ministres des autels, et surtout les chefs du clergé dont les actions doivent servir d'exemple aux autres, lorsqu'ils enrichissent leurs parents avec les biens consacrés par les fidèles au culte de la Divinité. Quoique selon la pensée fort juste de S. Augustin, il soit loisible aux prêtres de venir au secours de leurs proches, alors qu'ils se trouvent dans un état presque voisin de l'indigence, ils doivent cependant le faire avec une si parfaite mesure qu'on ne puisse dire d'eux qu'ils veulent les enrichir ou les rétablir dans l'état de fortune dont ils seraient déchus ; car, toute la question pour eux, est de faire de leurs parens, non des riches à qui rien ne manque, mais des aisés qui soient à l'abri du besoin. »

« En effet, continue-t-il, l'expérience nous apprend que les familles élevées de la sorte, ne se maintiennent pas longtemps dans l'opulence, soit qu'à l'exemple de Raymond de Turenne, lancées dans une mauvaise voie, elles ne sachent pas bien user des avantages qu'on leur fait : soit que par un juste jugement de Dieu, les hommes qui les représentent n'aient pas de postérité, ou qu'accablés de dettes, ils se trouvent dans le cas de vendre et d'aliéner les riches patrimoines dont on les avait gratifiés : ensorte qu'ils ont la confusion de voir passer en des mains étrangères ces biens qui, après avoir fait la gloire de leur race, deviennent ensuite des témoins incommodes qui leur reprochent sans cesse ou une gestion mauvaise, ou une conduite désordonnée. »

Viennent ensuite des souhaits fort bien placés, au point de vue du chroniqueur et non moins bien formulés, qui sortent naturellement de sa plume nourrie, comme on voit, de la fine fleur des théologiens mystiques. Mais ces souhaits sont sans application aujourd'hui, parce qu'ils s'adressaient à une société fort différente de la nôtre, à la société du moyen-âge où les abus du népotisme s'étaient étendus jusque dans les rangs de la simple cléricature : et comme il était urgent d'y porter remède, notre chroniqueur émet ici un noble vœu, qu'on lira encore avec plaisir : « Qu'il serait à souhaiter, dit-il, que ces tristes reviremens de fortune fussent présens à l'esprit des membres haut placés de la hiérarchie qui aiment trop leurs parens et pour eux, prodignent les biens de l'Eglise, patrimoine sacré du pauvre et de l'orphelin ! Désirons leur la sagacité dont est pourvu tout homme raisonnable et à l'aide de cette faculté ils verront clairement que tout ce qui a été fait avant eux au profit de familles qu'on a voulu agrandir outre mesure, s'est évanoui en fumée, parce que l'inconstante fortune les a quittées sans plus de façon qu'elle les avait prises.—Mais la plupart d'entr'eux ont la vue si trouble au milieu de ces flots d'encens que la flatterie exhale autour d'eux, que lorsqu'ils se trouvent élevés au pinacle, l'éclat du pouvoir les éblouit tellement, qu'ils regardent comme possible ce que les autres ont jugé impossible, comme durable, ce que les autres ont jugé d'une existence éphémère. Tels, alors, que les ouvriers de Babel, qui tentaient d'élever un édifice jusqu'au ciel, ils forment le projet d'acquérir des domaines et des héritages pour leurs neveux, en vue de leur créer des positions qui les mettent au niveau des grands de la terre : Mais qu'arrive-t-il ? De même que les hommes de la tour gigantesque se virent couverts de confusion, quand force leur fut d'abandonner cette œuvre insensée : ainsi, ceux dont nous parlons, ne tardent pas à reconnaître qu'ils n'ont fait qu'un beau rêve pour leur famille, en voyant s'écrouler sous leurs yeux le vain échaffaudage de gloire, qu'ils ont voulu dresser en son honneur. »

L'auteur revient encore à la lutte que Clément eut à soutenir contre l'Attila de la Provence et la peint d'un seul trait dans les paroles suivantes qui forment le paragraphe final de cette étude. « Mais ce qu'il y a de plus fâcheux, ajoute-t-il, c'est que la fatale guerre de Raymond de Turenne fut cause que, toujours allarmé pour lui-même et pour la ville d'Avignon, Clément ne put s'occuper comme il l'aurait dû, d'éteindre le schisme dont l'Eglise était affligée. Cette guerre, en effet, lui fit une loi absolue de consacrer à sa défense personnelle, les ressources qu'il avait réunies pour des objets plus importans, et ainsi obligé de retrancher de ses finances ce qu'il fallait pour l'accessoire, il ne lui resta plus rien pour le principal. »

Avant de quitter la plume qu'il nous soit permis de donner ici une simple explication, en vue d'écarter de notre langage tout soupçon d'irrégularité.

Dans le cours de cette notice, nous avons cru pouvoir désigner les deux derniers Papes qui siégèrent à Avignon, sous les noms officiels qu'ils s'étaient donnés au jour même de leur installation. Ainsi, en ce qui touche le premier, quoique à Rome, on ne l'ait jamais mis non plus que son successeur dans le catalogue des Papes, nous n'avons pas laissé cependant avec nos grands historiens français, de l'appeler Clément VII et non Robert de Genève, schismatique et anti-pape, comme font quelques écrivains modernes. Ces termes selon la remarque du P. Longueval, sont trop durs et ont un air d'insulte pour l'Église gallicane et les autres grandes Églises qui dans l'antagonisme des deux élections, l'une faite à Rome et l'autre à Fondi, s'attachèrent à celle-ci plutôt qu'à celle-là.

Au reste, en nommant Clément VII, le Pape élu dans cette petite ville, il est aisé de voir que nous parlons par rapport à son obédience et sans la moindre idée de vouloir préjudicier à la légalité du catalogue romain. Aussi Pierre de Lune, successeur de Clément a-t-il été appelé Benoit XIII par les conciles de Pise et de Constance qui représentaient l'Église universelle. S'il fallait à ce témoignage d'une si haute gravité, en ajouter un autre moins considérable sans doute, mais propre aussi à nous faire impression, nous l'emprunterions aux actes officiels de l'église d'Apt, petit siège il est vrai, mais d'un grand renom à cause de ses savans prélats. Là, en effet dans la belle légende de l'office de la translation de S¹ᵉ Anne, dressé par les évêques de cette ville, on rappelle que Pierre de Lune, invité à statuer sur l'authenticité des reliques de l'aïeule du Christ, intervient sous le titre de Benoit XIII et corrobore en cette qualité les traditions Aptésiennes relatives à ce précieux dépôt (1). Ainsi donc, rien d'irrégulier dans notre langage : rien en lui, qui soit de nature à éveiller les susceptibilités des personnes timorées : car, toujours et partout respectueux envers le St Siége, il est encore dans cette circonstance, fondé sur des précédens irrécusables qui en justifient la légitimité et la convenance.

(1) Bréviaire d'Apt dressé sous Mgr de Cély.

APPENDICE DES NOTES.

I.

Sur le mariage de Louis II avec Yolande d'Aragon.

Durant tout le temps que Marie de Blois séjourna à Pertuis, on s'occupa activement du mariage du jeune prince avec la princesse Yolande, fille du roi d'Aragon. Néanmoins il y eut un moment où les fusionistes de la ligue et ceux de la maison d'Anjou, semblèrent avoir la chance de faire triompher une autre combinaison à laquelle Marie d'abord n'était pas hostile. Il s'agissait pour eux de faire épouser à Louis II, la fille de Charles de Duras, espérant par ce moyen, de confondre les intérêts des deux maisons qui se disputaient le trône de la reine Jeanne. Mais un mot prononcé par le jeune prince, mit à néant ce malencontreux projet. Voici de quelle manière l'évêque de Chartres raconte l'anecdote qui sert de cadre à la belle parole dont il s'agit : « En » la présence de Karoli (Charles du Maine frère du roi) et

» de Guillaume le Tort comme notaire, le Roy Loys dict à
» sa mère que à traictié qu'elle poursuivoit pour lui, de
» mariage à la fille de Charles, il n'y consentoit pas, mais y
» contredisoit, disant que ce ne seroit pas bien faict *d'être*
» *marié à la fille d'un traistre :* et de ce demanda acte au-
» dit notaire. — Madame la Royne lui promist de non en
» plus tenir traitié — Quant à cet article, retira tout pou-
» voir par elle donné aux arbitres qui étoient : Messire
» George de Marles — le seigneur d'Oraison — Raymond
» Bernard Flamingi — l'évêque de Gênes — Balthazar
» Spinola et quelques aultres : et au seigneur d'Oraison qui
» étoit présent défendit que lui et les aultres dudit article
» plus ne traictassent et de ce demanda acte audit notaire. »
Nota, que Guillaume le Tort qui tient ici la plume devint
bientôt évêque de Marseille.

II.

Sur l'évêque de Gênes.

Ce prélat, ayant nom Guillaume, se trouve souvent mentionné dans le journal de l'évêque de Chartres. Je réunis
ici tous les passages où il est question de lui, afin que les
lecteurs puissent en avoir une idée plus précise (1).

---

(1) Je n'ai pu découvrir le nom de famille de ce prélat, par la raison qu'il ne
figure pas dans l'*Italia Sacra*. Dans ce volumineux recueil, on voit le nom de
son concurrent élu par le Pape de Rome, et qui était je crois de la famille de
Fiesque. Mais à l'égard de Guillaume objet de cette note, on l'a omis parce qu'il
avait été élu par le Pape d'Avignon.

La Reine Marie de Blois avait signé à Apt pour cet évêque un sauf-conduit dont l'enregistrement est conçu de la manière qu'il suit, audit journal. « Apt, 28 avril 1386 : scellé
» un sauf-conduit pro Guillelmo episcopo Januensi, cum
» quinquaginta equitibus in suâ comiturâ, pro regno Si-
» ciliæ et comitatibus Provinciæ et Forcalquerii. Durat per
» unum annum. » — Comme on le voit, la reine permet au prélat de voyager avec une escorte de 50 cavaliers dans le royaume de Sicile et en Provence et cela pendant une année. Cette distinction n'était accordée qu'à de grands personnages.

Serait-ce le même Prélat qui, sur l'invitation de la Reine, aurait été, quelques jours auparavant, à Sault, chef-lieu de la comté de ce nom, pour y baptiser *in pompis pontificalibus* l'enfant nouveau-né du comte-chambellan ? C'est vraisemblable, quoique le chancelier d'Anjou ne le dise pas dans ses notes. Voici du reste, celle qu'il nous a laissée de ce petit événement qui intéresse l'histoire locale. « Apt, 23 avril 1386 : Madame envoya lever le fils
» du sire de Sault par messire Robert de Dreux et envoya
» à la Dame, deux draps d'or et un beau joyel avec 10
» florins : et a eu l'enfant nom Loys de par le Roy. » Ce texte ne dit rien à la vérité sur le fait en question : cependant, il n'est pas permis de douter qu'un prélat ne soit intervenu à ce baptême dont le Roi s'était constitué le parrain. Trois Évêques, ainsi que l'histoire en fait foi, se trouvaient habituellement à la cour de Marie de Blois, pendant son séjour à Apt. Or, de ces trois personnages, l'évêque de Vintimille, en qualité de religieux, ne s'éloignait guère de son couvent : Mgr Giraud, évêque d'Apt

était en ce moment absent de sa ville épiscopale, parce qu'il négociait à Sisteron la soumission de cette ville : et quant à l'évêque de Chartres, sa fonction de chancelier l'attachant invariablement à la personne de Marie de Blois, il ne la quittait que pour des affaires de la plus haute importance. D'où, vu cet état de choses, il est permis d'induire que l'évêque de Gênes qui se trouvait alors à Apt pour l'objet plus haut mentionné, a dû être délégué pour un baptême dont le royal parrainage devait attirer la foule des courtisans. Mais poursuivons le cours de nos investigations à l'égard du prélat subalpin.

« Apt, 9 mai même année : le compagnon de l'évêque *Januensis* (son grand vicaire) et Oudon le neveu, Arnaudin prophane dirent à Madame que Balthazar Spinola (chef de la ligue d'Aix) entendroit à traicter samedy qui vient, si de par Madame estoient envoyés messire George de Marles et messire Raymond-Bernard Flamingi, et de ce je fus chargé de parler au Pape en Avinhion. »

« Apt, dimanche huit juillet : Conseil tenu à Pertuis où les envoyés des deux partis devaient se réunir pour négocier le traité dont est question. « Madame dit l'évêque de
» Chartres, envoye en cette ville où La Caille (prévôt d'Aix)
» étoit déjà allé, pour l'évesque *Januensis* 300 florins *de*
» *camerâ* : pour Guigonnet de Flotte 50 florins : pour Bal-
» thazard 800 florins : pour le seigneur d'Oraison 50 florins :
» pour La Caille 50 florins. Ledit Balthazard en eut 800 de
» Madame, quand la longue trêve fut formée. »

» Apt, mercredi 18 juillet : furent revenus les gens que

» Madame avoit envoyés en Aix et amenèrent l'évesque
» *Januensis*, Melchior frère de Balthazard, messire George
» de Mayronis, Guillaume Verdoïn, Jéhan de Tressemanes :
» et au matin firent révérence à Madame et au Roy : avec
» les gens de Madame estoit le visconte de Turenne. »

Ainsi, il est authentiquement démontré que le fougueux adversaire de la maison d'Anjou et de la Papauté avignonaise, a visité la ville d'Apt dans l'une de ces heureuses suspensions d'hostilités, qu'il daignait accorder par fois à l'une et à l'autre.

Grand conseil tenu à Apt chez la Reine, où assistent les personnages que je viens de nommer. — Le jour même de l'arrivée des députés d'Aix, après dîner, dit l'évêque de Chartres, Madame fit lire devant son conseil les chapitres du traité et la réponse fut différée au lendemain.

« Jeudi 19ᵉ jour de juillet : Madame tient conseil et tous furent en conclusion que Madame ratifiat ce que par ses gens avait été traité, excepté, dit le prélat, le comte cumberlan qui trois fois requis par Madame, dit qu'il ne diroit rien : enfin, à grand peine dit : Madame est dame : ce qu'il lui plaira soit fait, Après ce, Madame ouies ses messes, vint en conseil et y furent ceux d'Aix. — Je leur dis de par Madame qu'elle avoit agréable ce que par ses gens avoit été traité : puis parla messire Jéhan de Mayronis récitant en substance le traité : puis parla messire Raymond-Bernard confirmant mes paroles : puis Madame jura sur les SS. Évangiles tenir et accomplir les choses contenues en l'instrument du traité. « A ce second conseil, ajoute l'évêque de
» Chartres, ne fust le comte cumberlan : mais alla disner

» et tantost monta à cheval et seul alla à Sault mélanco-
» lieusement et peu sagement. »

Pendant le court séjour de Marie de Blois à Manosque, il est encore question de l'évêque de Gênes : Voici ce que note le chancelier d'Anjou à son sujet. — « Manosque 1er jour
» d'octembre, je pris à Guinolfe (trésorier de la reine)
» 300 florins de *Camerà* et les baillé à messire George pour
» les bailler à l'évesque *Januensis* pour sa pension du mois
» précédent : et pour le mois d'août en avoit eu 300. » Ce prélat était pensionné de la princesse à raison des services dont elle lui était redevable auprès de la ligue d'Aix.

Quand la Reine est à Pertuis, on voit apparaître de même le nom de l'évêque de Gênes sur le journal de l'évêque de Chartres. — Ainsi, à la date du 10 juin 1387, on lit ce qui suit : « Ce jour vinrent messire George de Marles, et les autres et amenèrent plusieurs d'Aix : le frère de Balthazard et celui de l'évesque *Januensis* firent révérence à Madame et non pas *ex vice* » ce qui veut dire que la Princesse les reçut collectivement et non l'un après l'autre.

« Le 11e jour au matin, tint Madame conseil auquel ceux d'Aix dirent par la bouche de messire Antoine Botharic révérence et louange des traicteurs : et que entendaient cependant faire requeste : demandoient que Madame commist quelques-uns de son conseil qui les oyit. — Ordonné fut que en mon hostel se tint le conseil et furent oys après disner. »

« Ce jour en mon hostel fut rassemblé le conseil et ceux d'Aix, Antoine Botharic — P. de Tournefort — P. Berrich — Jéhan Alberich — Après plusieurs débats accordasmes les chapitres par eux demandés — fismes relacion à Madame — décrétés furent lesdits chapitres — fust fait commandement à Antonell de faire lettres et instruments à leur plaisir. »

« Le 13ᵉ jour P. Raynauld et messire Guillaume le Tort (notaire) prirent le chemin d'aller à Marseille pour avoir le consentement des Marseillais au traictié. »

« Ce jour, messire Melchior dit à Madame l'intention de Balthazard son frère, en disant qu'il rendroit à Madame ses convenances et sur ce monstra deux lettres escriptes de la main de Balthazard, subscrites de l'évesque *Januensis* assez conditionnées et captieuses. — Ledit Melchior requit à Madame que le chastel de Soliers qu'elle lui avoit promis, elle le lui fît avoir clairement et sans plaid » c'est-à-dire sans avoir besoin de plaider.

« Pertuis 29 juin 1387 : Ce jour eût Madame nouvelles que deux clercs de l'évesque de Gênes qui s'enfuyaient d'Aix, avaient été oys disant que le jour de devant estoit mue rumeur en Aix, que ledit évesque y estoit mort (dans une bagarre) et les gens de Madame aussi — de quoi elle fut moult troublée et nous pareillement. »

« Au vespre vinrent messire George et Guigonnet et les » aultres venus d'Aix et contèrent la manière de la ru- » meur qui fut bien périlleuse et faillit que on criât : *Vive » Roy Carle* et tinssent la place les carlistes. »

Ce qui prouve que les ligueurs ou unionistes d'Aix, comme on voudra les appeler, quoiqu'ils penchassent pour Charles de Duras, ne l'avaient pas cependant formellement reconnu. Car, flottans comme ils étaient entre les deux compétiteurs au trône de l'infortunée Jeanne, ils attendaient du bénénéfice du temps, l'occasion de se prononcer pour celui d'entr'eux qui leur ferait les meilleures conditions ou qui leur donnerait de plus solides garanties en faveur non du bien public, mais de leurs intérêts personnels.

« Après souper, Madame eût conseil et recordèrent ses gens la manière de la rumeur et sembla que Balthasard y avait mis la main : *ad veritatem tenuit ibi manum.* » C'est la dernière mention qui se trouve de l'évêque de Gênes dans le journal du chancelier d'Anjou.

III.

Entrée de Marie de Blois à Forcalquier, Sisteron et Manosque.

Voici, relativement au triple fait qui sert d'intitulé à cette note, les détails curieux que l'évêque de Chartres nous a conservés dans son journal. Je les produits ici dans le langage même du prélat, en me bornant à quelques simples observations, afin d'en rendre le sens plus facilement perceptible aux lecteurs.

« 1386. — Samedy 21 juillet, Madame partit d'Apt et alla gésir à Cesareste, trois lieues : et à ceulx d'Aix, l'un après l'aultre, prescha promettant et disant du mieulx que put *ad finem pacis.* »

« Dimanche 22, feste de la Madeleine, après que Madame eust dîné aux Frères-Mineurs sous Reillane, elle vint à Forcalquier où fust reçue joyeusement et le Roy *cum pallio aureo, cum parvulis portantibus parva vexilla, cum armis regiis et clamantibus :* Vive le Roy Loys ! *Episcopus processionaliter longè à villâ, cum collegio decenter ornato, crucem dedit ad osculendam et reliquias. — Deindè se devestivit habitu clericali, induit alium habitum et equitavit.* » (Il est question en cet endroit de l'évêque de Sisteron qui vint au-devant du jeune Roi, à la tête du chapitre de l'insigne concathédrale qui décorait la résidence des souverains de la Haute-Provence.)

« Lundy 23, Madame ouït messe à S.-Mary près du chastel, puis alla voir place du chastel qui est fort belle (non le lieu qu'occupe la forteresse, mais la forteresse elle-même.) — Après disner alla au giste à quatre lieues à une forteresse nommée Pierrevert et je retourné à Forcalquier : l'université de ladite ville me donna trois torches et trois libres de bougie. » (Inutile d'observer qu'ici l'université est prise pour la commune).

« Mardy, végile *Jacobi Apostoli* : le Roy fust reçu à Sisteron à grand honneur : les bonnes gens (notables) furent vestus de rouge. — Le pail fut porté p. six remuances, à chacune fois quatre personnes : et quand les uns laissoient, les aultres prenoient. — Les enfants vinrent au-devant *cum vexillis* comme en Apt et Forcalquier et crioient : Vive le Roy Loys ! » (Il parait que pour porter le dais sous lequel devait marcher le nouveau souverain, on se forma en groupes de quatre personnes qui se relayaient de distance en distance). Comme Sisteron était auparavant dans le parti de la ligue, et qu'elle était en voie de faire sa soumission, l'évêque de Chartres, joyeux du succès de ses négociations, s'attache à faire ressortir les moindres particularités de cette entrée triomphale, afin d'en faire honneur à la ville qui allait se signaler par ce retour inespéré.

« Les processions vinrent au-devant et l'évesque revètu : (unissez le premier terme avec le dernier et vous aurez le phrase parfaitement correcte). — Les bannières portèrent deux chevaliers de l'Hospital, deux, le commandeur de Manosque et le commandeur d'Aix » (ici encore le sujet et le régime ont échangé leur place : il ne s'agit que de mettre chacun à la sienne, pour avoir le vrai sens de l'écrivain).—
« Une bannière du Roy, outre celles, porta le sire de Peypin : la bannière de la ville, un aultre gentilhomme » Les chevaliers de l'Hospital ici mentionnés, sont ceux de St-Jean-de-Jérurusalem qui habitaient Manosque et en avaient la seigneurie.

« Le Roy et la Royne descendirent en l'église orer, puis en leur hostel. — Mercredy 25 vinrent les gens de la ville faire révérence à Madame et offrir à faire leur devoir quand à Madame plaira.—Il leur fust répondu que Madame ordonnerait de son conseil qui parleroit à eulx sur ce qui seroit à faire. »

« Jeudy 26 les deux Ordres Prêcheurs et Frères-Mineurs vinrent faire leur révérence et fist le Mineur harangue. — Le jour précédent, me dict Madame que l'évesque de Gênes

(Januensis) à Forcalquier luy fist sacrement sur les Evangiles de lui être loyal conseiller et aydant à venir à son intencion du royaume et de Prouvence : présent George de Marle. » On voit qu'il s'agit là du serment de fidélité prêté entre les mains de Marie de Blois, par le prélat subalpin, d'être bon et loyal conseiller et de lui venir en aide pour la pacification de la Provence et du royaume de Sicile.

« Dimanche 29, Monsieur de Cisteron (l'évêque) fist une proposition (discours) présent le peuple en la maison royale, après laquelle quatre eslus, au nom de toute l'université firent hommage au Roy et à la Royne et sacrement de fidélité et baisèrent la Royne et le Roy et puis tous les chiefs d'hostel jurèrent sur les Évangiles : présents l'évesque de Vence, le conte cumberland et beaucoup d'aultres. — « Au descendre des degrés, à Madame fust requis par aulcuns le consulat : mais elle ne l'accorda pas et dict qu'elle auroit son advis (qu'elle aviserait). » Il est facile d'imaginer qu'on demandait à la Reine de placer le droit de nommer les consuls entre les mains des citoyens : ce que la princesse refusa comme contraire à la prérogative royale, en alléguant qu'elle verrait plus tard ce qu'il y aurait à faire.

« Au vespre, le feu prit en une maison et le vent estoit très-grand : on ne put mettre remède que le quart de la ville ne fust ars : et par une poterne Madame et le Roy s'en ussirent (*exierunt*) et allèrent aux Frères-Mineurs dehors la ville et moi avecques, l'évesque de Cisteron, le comte cumberlan, messire Pierre Reynaud et Guigonnet de Flotte : et puis, pour doupte de rumeur de peuple, tous de nuict, venismes à un chastel nommé Peypin, assis comme à une lieue et là demourasmes le lundy et Madame envoya messire P. Reynault et messire Jéhan Pelerin à Cisteron, les conforta et si leur envoya Bertrand Boitard avec des gens d'armes. » Peypin est une commune voisine de Sisteron dont le château était distant d'environ une lieue.

« Lundy, toute la journée démoura Madame à Peypin et là vinrent à elle aulcuns de Forcalquier disans qu'ils estoient ussis (sortis) environ huit vingts tous armés pour venir à l'ayde de Madame, douptant d'escandale. »

« Mardy, dernier jour de juillet, vinrent les gens de Cisteron, requérans pour dire à Madame qu'elle voulsist retourner chez eulx et elle leur accorda. Ce jour vinrent ceux de Manosque *ad consolationem infortunii*. » (L'évènement de l'incendie).

« Mercredy, 1er jour d'août, Madame retourna après disner à Cisteron et luy fust audevant l'évesque de Gap et plusieurs de ceux de Cisteron. »

« Jeudy, 2me jour, l'évesque de Gap disna avec Madame et le Roy et fust traitié avec lui des bannières du Roi Loys à mettre sur Gap : et en attendant qu'il fist le voyage projetté d'Avinhion, il s'en retourna à Gap, pour faire arborer les bannières royales. » L'évêque de Chartres se rendit sur ces entrefaites à Avignon pour y suivre de plus près les affaires de la Reine pendantes à la Cour papale et stimuler le zèle des Cardinaux qui devaient en préparer la conclusion. Ce prélat y était déjà le 25 août, jour auquel il présenta ses lettres de créance au Pape qui venait d'accorder des dispenses de parenté pour le mariage de Jean de Bretagne avec Marguerite de Clichon. Marie de Blois, dans cet intervalle, s'était rendue à Manosque, où elle fut reçue avec le même cérémonial que l'on a vu s'être accompli dans les villes voisines. C'est la raison pour laquelle on ne trouve dans le journal du chancelier d'Anjou, aucune note ni détail particulier sur la réception enthousiaste que l'on fit à Louis II et à sa mère, dans la ville chérie de la reine Jeanne. Pendant qu'elle s'installait dans le beau palais des Commandeurs, qui avait servi de résidence aux comtes de Forcalquier, son représentant à la cour de Clément VII écrivait l'anecdote suivante : « Dimanche 26 août, le Pape commanda l'expédition de la dispense de mariage plus haut rapportée à maistre Gilles Lejeune, son secrétaire et aussi je lui présenté la lettre de Madame pour la promotion de son confesseur à l'évesché de Bethléem (en France) et il dict non à cette misse (missive). » Ce qui prouve que ce Pape, si diversement apprécié par les écrivains des deux obédiences qui partageaient l'Église de Dieu, savait résister aux puissances lorsqu'elles lui présentaient des demandes auxquelles il ne croyait pas pouvoir, en conscience, faire droit. Je termine ici cette note déjà assez longue, laissant aux curieux le soin d'aller consulter le journal même du chancelier d'Anjou, s'ils désirent un plus grand nombre de faits devant servir à combler les lacunes de notre histoire locale.

www.ingramcontent.com/pod-product-compliance
Lightning Source LLC
LaVergne TN
LVHW020946090426
835512LV00009B/1737